详解各行业代表企业最新的营改增实操案例

To Replace The Business Tax
With a Value-added Tax

轻轻松松
营改增

行业营改增实操及案例分析

肖良林◎著

中国经济出版社
CHINA ECONOMIC PUBLISHING HOUSE
·北京·

图书在版编目（CIP）数据

轻轻松松营改增：行业营改增实操及案例分析／肖良林著.
北京：中国经济出版社，2017.1
ISBN 978－7－5136－4467－9

Ⅰ.①轻… Ⅱ.①肖… Ⅲ.①增值税—税收管理—研究—中国 Ⅳ.①F812.424

中国版本图书馆 CIP 数据核字（2016）第 270994 号

责任编辑　牛慧珍
责任审读　贺　静
责任印制　马小宾
封面设计　任燕飞

出版发行　中国经济出版社
印 刷 者　北京科信印刷有限公司
经 销 者　各地新华书店
开　　本　710mm×1000mm　1/16
印　　张　15.5
字　　数　210 千字
版　　次　2017 年 1 月第 1 版
印　　次　2017 年 1 月第 1 次
定　　价　42.00 元
广告经营许可证　京西工商广字第 8179 号

中国经济出版社　**网址** www.economyph.com　**社址** 北京市西城区百万庄北街 3 号　**邮编** 100037
本版图书如存在印装质量问题，请与本社发行中心联系调换（联系电话：010－68330607）

前言

作为我国税制改革的“重头戏”，营改增（即营业税改征增值税）改革推进之快，出乎人们的意料。2011 年，经国务院批准，财政部、国家税务总局联合下发营业税改增值税试点方案。从 2012 年 1 月 1 日起，在上海交通运输业和部分现代服务业开展营业税改征增值税试点。自 2012 年 8 月 1 日起至 2012 年底，国务院扩大营改增试点至 8 省市。2013 年 8 月 1 日，营改增范围已推广到全国试行，将广播影视服务业纳入试点范围。2014 年 1 月 1 日起，将铁路运输和邮政服务业纳入营业税改征增值税试点，至此，交通运输业已全部纳入营改增范围。2016 年 3 月 18 日召开的国务院常务会议决定，自 2016 年 5 月 1 日起，中国将全面推开营改增试点，将建筑业、房地产业、金融业、生活服务业全部纳入营改增试点。新增试点行业的原有营业税优惠政策原则上延续，对特定行业采取过渡性措施，对服务出口实行零税率或免税政策，确保所有行业税负只减不增。至此，营业税退出历史舞台，增值税制度将更加规范。2016 年的新增试点行业是自 1994 年分税制改革以来，财税体制的又一次深刻变革。

为了帮助大家全面、系统、完整地理解营改增后纳税人的增值税会计处理与纳税申报，以及有关小微企业的各项减免税收优惠政策，掌握相应的会计处理、纳税申报业务操作，本书以财政部、国家税务总局于 2016 年 3 月 24 日发布的《关于全面推开营业税改征增值税试点的通知》，及其以附件形式发布的《交通运输业和部分现代服务业营业税改征增值税试点实施办法》（财政部、国家税务总局于 2013 年 5 月 24 日发布)、《交通运输业和部分现代服务业营业税改征增值税试点有关事项的规定》(财政部、国家税务总局于2013年5月24日发布)、《营业税改征增值税试点过渡政策的规定》(财政部、国家税务总局于2013年12月12日发布)、《跨境应税行为适用增值税零税率和免税政策的规定》(财政部、国家税务总局于2016年5月1日发布实施)等为依据,以其他关于增值税的相关规定为补充,并结合一些省份已出台的详细指引,同时,以实务为导向,对近些年来在营改增实施过程当中涉及的共性问题予以政策解读,对交通运输行业、制造行业、邮政行业、电信行业、文化创意行业、房地产行业、金融行业、生活服务行业的营改增进行实务操作指导;对政策条款、纳税事项认定、计税方法选择、税额计算,以及抵扣、会计核算、发票管理、增值税申报、营改增后的纳税筹划与风险防范等方面进行了详细的解读和指导,以便于展开实际操作。

本书的特色是紧跟政策步伐,注重实用导向,采纳专家意见,提出实操建议,适合作为纳税主体的企业和个人阅读学习。

目 录

第一章 企业营改增实务操作要点

营改增改革在实施过程中有许多共性的问题是各个行业必须明确和把握的。本章主要依据36号文件及其附件的相关规定，介绍了增值税税率和征收率、关于抵扣的规定、增值税的计税方法、税务登记办理流程、营改增一般纳税人发票管理相关规定、纳税申报方式、试点增值税税收优惠、营改增相关会计处理及案例等具有“共性”特点的内容。

第二章　交通运输行业营改增实务操作

国家从2012年1月1日起，在上海交通运输业和部分现代服务业开展营业税改征增值税试点。从2014年1月1日起，将铁路运输和邮政服务业纳入营业税改征增值税试点，至此，交通运输业已全部纳入营改增范围。本章介绍交通运输行业营改增试点新政变化、交通运输行业营改增后的税负、交通运输企业营改增后货运发票如何开、交通运输业如何应对营改增4个方面的内容。

第三章　制造行业营改增实务操作

新一轮营改增试点虽然不是针对制造业进行的，但是由于制造业上下游涉及的厂商比较多，流通环节也必然很多，几乎与各行各业都有交集。这样一来，税制改革也就或多或少地会对制造业的税负造成一定的影响。所以，制造业企业不仅要了解营改增对制造业的利好、减负受益点，以及营改增政策对制造业服务化发展的影响，更重要的是要做好税务筹划，以及了解商业往来中的注意事项。

第四章　邮政行业营改增实务操作

邮政业自2014年1月1日起实施营业税改征增值税，这是我国进一步推进流转税改革、完善增值税抵扣链条的重要举措。那么，新出台的营改增政策对邮政业有什么影响？企业如何应对？邮政企业在营改增实务中存在的问题和应对措施是什么？这些都是邮政企业在实务中需要着力解决的问题。

第五章　电信行业营改增实务操作

电信业从2014年6月1日起被纳入营改增试点范围，实行差异化税率，基础电信服务和增值电信服务分别适用11%和6%的税率，为境外单位提供电信业服务免征增值税。那么，在电信行业实行营业税改征增值税项目后，税负是否会降低？企业的财务管理会受到何种影响？企业需要做好哪些应对准备？这些都是我们需要解决的问题。

第六章 文化创意行业营改增实务操作

文化创意产业是21世纪新兴“朝阳产业”“黄金产业”，但我国文化创意产业尚处于初步发展阶段，需要面对国内外众多的挑战，税收政策无疑是推动我国文化创意产业快速发展的一项重要手段。这里重点分析营改增对文化创意企业的影响，并对文化创意企业营改增中的税务筹划进行探讨。

第七章 建筑行业营改增实务操作

在营改增扩围中，建筑业的情况比较特殊。营改增后，建筑业纳税人将分为增值税一般纳税人（年销售收入500万元以上及其他符合规定的纳税人）和小规模纳税人。一般纳税人税率为11%，小规模纳税人及选择适用简易计税方法的一般纳税人税率为3%。

第八章　房地产行业营改增实务操作

营改增是我国税制改革的重要举措，关乎国计民生，因此房地产企业应积极响应国家政策，做好全面准备，相信营改增定会给企业带来福音。本章分析了营改增后房地产开发企业财税处理的变化，提出房地产企业应对营改增的策略，并在利润核算、会计核算、IT 系统建设等方面为企业提供实战指南。

第九章 金融行业营改增实务操作

金融企业实行税制改革，在改变目前国内金融市场竞争格局的同时，也必定会带来更为剧烈的竞争与挑战。金融企业要了解营改增对整个金融行业带来的影响，以及对企业会计处理的影响，并积极采取应对措施。另外本章的问答部分也可以为金融企业营改增答疑解惑。

第十章　生活服务行业营改增实务操作

财政部、国家税务总局于2016年3月23日公布了《关于全面推开营业税改征增值税试点的通知》（以下简称财税〔2016〕36号），确定了本阶段营改增行业将适用的增值税相关规定和适用税率，该规定自2016年5月1日起生效。本章将着重讨论新增值税法规对生活服务业的影响，以及生活服务业如何应对全面营改增，并提出生活服务业营改增应关注的几个问题。

第一章

企业营改增实务操作要点

营改增改革在实施过程中有许多共性的问题是各个行业必须明确和把握的。本章主要依据36号文件及其附件的相关规定，介绍了增值税税率和征收率、关于抵扣的规定、增值税的计税方法、税务登记办理流程、营改增一般纳税人发票管理相关规定、纳税申报方式、试点增值税税收优惠、营改增相关会计处理及案例等具有“共性”特点的内容。

第一节　增值税税率和征收率

财政部、国家税务总局发布的《关于全面推开营业税改征增值税试点的通知》（财税〔2016〕36号）（以下简称36号文）附件1《营业税改征增值税试点实施办法》（以下简称《办法》）中规定了增值税税率和征收率。下面对此一一解读。

◎ 增值税税率

《办法》第十五条规定的增值税税率如下：

（一）纳税人发生应税行为，除本条第（二）项、第（三）项、第（四）项规定外，税率为6%。

（二）提供交通运输、邮政、基础电信、建筑、不动产租赁服务，销售不动产，转让土地使用权，税率为11%。

（三）提供有形动产租赁服务，税率为17%。

（四）境内单位和个人发生的跨境应税行为，税率为零。具体范围由财政部和国家税务总局另行规定。

上述4条是对增值税税率的具体规定。

◎ 增值税征收率

根据《办法》第十六条规定，增值税征收率为3%，财政部和国家税务总局另有规定的除外。

本条是对增值税征收率的规定。

除部分不动产销售和租赁行为的征收率为5%以外，小规模纳税人发生的应税行为以及一般纳税人发生的特定应税行为，增值税征收率为3%。

◎ 纳税期限和起征点

《办法》第四十七条规定，增值税的纳税期限分别为1日、3日、5日、10日、15日、1个月或者1个季度。纳税人的具体纳税期限，由主管税务机关根据纳税人应纳税额的大小分别核定。以1个季度为纳税期限的规定适用于小规模纳税人、银行、财务公司、信托投资公司、信用社，以及财政部和国家税务总局规定的其他纳税人。不能按照固定期限纳税的，可以按次纳税。

纳税人以1个月或者1个季度为1个纳税期的，自期满之日起15日内申报纳税；以1日、3日、5日、10日或者15日为1个纳税期的，自期满之日起5日内预缴税款，于次月1日起15日内申报纳税并结清上月应纳税款。

扣缴义务人解缴税款的期限，按照前两款规定执行。

本条是关于增值税纳税期限的规定。

《办法》第四十九条规定，个人发生应税行为的销售额未达到增值税起征点的，免征增值税；达到起征点的，全额计算缴纳增值税。

增值税起征点不适用于登记为一般纳税人的个体工商户。

本条是关于增值税起征点的规定。

该规定明确了增值税起征点的适用范围，即增值税起征点仅适用于个体工商户小规模纳税人和其他个人。

关于如何确定销售额的规定是，增值税起征点所称的销售额不包括其应纳税额，即不含税销售额。

关于达到增值税起征点的征税规定是，纳税人达到增值税起征点的，应全额计算缴纳增值税，不应仅就超过增值税起征点的部分计算缴纳增值税。

例如，纳税人提供应税服务的起征点为 20000 元，某个体工商户（小规模纳税人）本月取得餐饮服务收入 40000 元（含税），该个体工商户本月应缴纳多少增值税？

因为提供应税服务的起征点为 20000 元，该个体工商户本月餐饮服务不含税收入为 40000 ÷ （1 + 3%） = 38834.95（元），餐饮服务取得的收入超过起征点，全额征税。应纳税额 = 38834.95 × 3% = 1165.05（元）。

《办法》第五十条规定，增值税起征点幅度如下：

（一）按期纳税的，为月销售额 5000 ~ 20000 元（含本数）。

（二）按次纳税的，为每次（日）销售额 300 ~ 500 元（含本数）。

起征点的调整由财政部和国家税务总局规定。省、自治区、直辖市财政厅（局）和国家税务局应当在规定的幅度内，根据实际情况确定本地区适用的起征点，并报财政部和国家税务总局备案。

对增值税小规模纳税人中月销售额未达到 20000 元的企业或非企业性单位，免征增值税。2017 年 12 月 31 日前，对月销售额 20000 元（含本数）至 30000 元的增值税小规模纳税人，免征增值税。

本条第一款是关于增值税起征点幅度的规定。

第二节　关于抵扣的规定

36号文附件1《营业税改征增值税试点实施办法》对可以抵扣项目和不可以抵扣项目做了相关规定。下面是具体内容。

◎ 可以抵扣项目

《办法》第二十五条规定，下列进项税额准予从销项税额中抵扣：

（一）从销售方取得的增值税专用发票（含税控机动车销售统一发票，下同）上注明的增值税额。

（二）从海关取得的海关进口增值税专用缴款书上注明的增值税额。

（三）购进农产品，除取得增值税专用发票或者海关进口增值税专用缴款书外，按照农产品收购发票或者销售发票上注明的农产品买价和13%的扣除率计算的进项税额。计算公式为：进项税额 = 买价 × 扣除率。

买价是指纳税人购进农产品在农产品收购发票或者销售发票上注明的价款和按照规定缴纳的烟叶税。

购进农产品按照《农产品增值税进项税额核定扣除试点实施办法》抵扣进项税额的除外。

（四）从境外单位或者个人购进服务、无形资产或者不动产，自税务机关或者扣缴义务人取得的解缴税款的完税凭证上注明的增值税额。

◎ 不可以抵扣项目

《办法》第二十七条规定，下列项目的进项税额不得从销项税额中抵扣：

（一）用于简易计税方法计税项目、免征增值税项目、集体福利或者个人消费的购进货物、加工修理修配劳务、服务、无形资产和不动产。其中涉及的固定资产、无形资产、不动产，仅指专用于上述项目的固定资产、无形资产（不包括其他权益性无形资产）、不动产。

纳税人的交际应酬消费属于个人消费。

（二）非正常损失的购进货物，以及相关的加工修理修配劳务和交通运输服务。

（三）非正常损失的在产品、产成品所耗用的购进货物（不包括固定资产）、加工修理修配劳务和交通运输服务。

（四）非正常损失的不动产，以及该不动产所耗用的购进货物、设计服务和建筑服务。

（五）非正常损失的不动产在建工程所耗用的购进货物、设计服务和建筑服务。

纳税人新建、改建、扩建、修缮、装饰不动产，均属于不动产在建工程。

（六）购进的旅客运输服务、贷款服务、餐饮服务、居民日常服务和娱乐服务。

（七）财政部和国家税务总局规定的其他情形。

本条第（四）项、第（五）项所称货物，是指构成不动产实体的材料和设备，包括建筑装饰材料和给排水、采暖、卫生、通风、照明、通信、煤气、消防、中央空调、电梯、电气、智能化楼宇设备及配套设施。

第三节　增值税的计税方法

36 号文附件 1《营业税改征增值税试点实施办法》第十七条明确了增值税的两种计税方法，即一般计税方法和简易计税方法。这是对增值税计税方法的规定。

◎ 增值税一般计税方法

一般计税方法是按照销项税额减去进项税额的差额计算应纳税额。《办法》第十八条规定：一般纳税人发生应税行为适用一般计税方法计税。一般纳税人发生财政部和国家税务总局规定的特定应税行为，可以选择适用简易计税方法计税，但一经选择，36 个月内不得变更。

本条是对一般纳税人发生应税行为适用的计税方法的规定。

通常情况下，一般纳税人发生应税行为兼有销售货物、提供加工修理修配劳务的，凡未规定可以选择按照简易计税方法计算缴纳增值税的，其全部销售额应一并按照一般计税方法计算缴纳增值税。

一般纳税人发生财政部和国家税务总局规定的特定应税行为，可以选择适用简易计税方法计税，也可以选择适用一般计税方法计税。但对一项特定应税行为，一般纳税人一经选择适用简易计税方法计税的，在选定后的 36 个月内不得变更计税方法。

特定应税行为的范围按《营业税改征增值税试点有关事项的规定》

执行。

《办法》第二十一条规定，一般计税方法的应纳税额，是指当期销项税额抵扣当期进项税额后的余额。应纳税额计算公式：应纳税额 = 当期销项税额 - 当期进项税额。

当期销项税额小于当期进项税额不足抵扣时，其不足部分可以结转下期继续抵扣。

本条规定了增值税应纳税额的计算方法。

目前我国增值税实行购进扣税法，纳税人在销售时按照销售额收取税款（构成销项税额），购进货物、加工修理修配劳务、服务、无形资产、不动产时支付或负担税款（构成进项税额），并且允许从销项税额中扣除进项税额，这样就相当于仅对增值部分征税。当销项税额小于进项税额时，目前的做法是将差额结转下期继续抵扣。

《办法》第二十二条规定，销项税额是指纳税人发生应税行为按照销售额和增值税税率计算并收取的增值税额。销项税额计算公式：销项税额 = 销售额 × 税率。

本条规定了销项税额的概念及其计算方法。

从上述销项税额的计算公式中可以看出，销项税额是应税行为的销售额和增值税税率的乘积，是该环节提供应税行为的增值税整体税费，抵扣当期进项税额之后，形成当期增值税应纳税额。

一般纳税人应在"应交税费"科目下设置"应交增值税"明细科目。在"应交增值税"明细账中，应设置"销项税额"等专栏。"销项税额"专栏记录一般纳税人销售服务、无形资产或者不动产应收取的增值税额。一般纳税人销售服务、无形资产或者不动产应收取的销项税额，用蓝字登记；退回以及中止或者折让应冲销销项税额，用红字登记。

《办法》第二十三条规定，一般计税方法的销售额不包括销项税额，纳税人采用销售额和销项税额合并定价方法的，按照下列公式计算销售额：销售额＝含税销售额÷（1＋税率）。

确定一般纳税人销售服务、无形资产或者不动产的销售额时，可能会遇到一般纳税人由于销售对象的不同、开具发票种类的不同而将销售额和销项税额合并定价的情况。对此，本条规定，一般纳税人采用销售额和销项税额合并定价方法的，按照销售额＝含税销售额÷（1＋税率）这一公式计算不含税销售额。

在营业税改征增值税之前，由于营业税属于价内税，纳税人根据实际取得的价款确认营业额，按照营业额和营业税税率的乘积确认应交营业税。在营业税改征增值税之后，由于增值税属于价外税，一般纳税人取得的含税销售额，先进行价税分离换算成不含税销售额，再按照不含税销售额与增值税税率之间的乘积确认销项税额。

《办法》第二十四条规定，进项税额是指纳税人购进货物、加工修理修配劳务、服务、无形资产或者不动产，支付或者负担的增值税额。

本条规定了进项税额的概念。

关于进项税额的概念需从以下三方面理解：第一，必须是增值税一般纳税人，才涉及进项税额的抵扣问题；第二，产生进项税额的行为是纳税人购进货物、服务、无形资产、不动产或者接受加工修理修配劳务；第三，是购买方支付或者负担的增值税额。

一般纳税人应在“应交税费”科目下设置“应交增值税”明细科目。在“应交增值税”明细账中，应设置“进项税额”等专栏。“进项税额”专栏记录一般纳税人购进货物、服务、无形资产、不动产或者接受加工修理修配劳务而支付的、准予从销项税额中抵扣的增值税额。一般纳税人购进货物、服务、无形资产、不动产或者接受加工修理修配劳务支付的进项税额，用蓝字登记；退回中止或者折让应冲销的进项税额，用红字登记。

《办法》第二十五条规定，下列进项税额准予从销项税额中抵扣：

（一）从销售方取得的增值税专用发票上注明的增值税额。

（二）从海关取得的海关进口增值税专用缴款书上注明的增值税额。

（三）购进农产品，除取得增值税专用发票或者海关进口增值税专用缴款书外，按照农产品收购发票或者销售发票上注明的农产品买价和13%的扣除率计算的进项税额。计算公式为：进项税额 = 买价 × 扣除率。

买价是指纳税人购进农产品在农产品收购发票或者销售发票上注明的价款和按照规定缴纳的烟叶税。

购进农产品按照《农产品增值税进项税额核定扣除试点实施办法》抵扣进项税额的除外。

（四）从境外单位或者个人购进服务、无形资产或者不动产，自税务机关或者扣缴义务人取得的解缴税款的完税凭证上注明的增值税额。

本条对纳税人可抵扣增值税进项税额的情况进行了列示。

关于海关进口增值税专用缴款书上注明的增值税税额，目前货物进口环节的增值税是由海关负责代征的，试点纳税人在进口货物办理报关进口手续时，需向海关申报缴纳进口增值税并从海关取得完税证明，其取得的海关进口增值税专用缴款书上注明的增值税额准予抵扣。试点纳税人取得海关进口增值税专用缴款书，按照《国家税务总局海关总署关于实行海关进口增值税专用缴款书“先比对后抵扣”管理办法有关问题的公告》（国家税务总局海关总署2013年第31号公告）执行“先比对后抵扣”政策。

关于农产品进项税额抵扣，一般纳税人购进农产品抵扣进项税额存在如下五种情况：一是从一般纳税人购进农产品，按照取得的增值税专用发票上注明的增值税额抵扣。二是进口农产品，按照取得的海关进口增值税专用缴款书上注明的增值税额抵扣。三是自农业生产者购进自产农产品以及自小规模纳税人购入农产品（不含享受批发零售环节免税政策的鲜活肉蛋产品和蔬菜），按照取得的销售农产品的增值税普通发票上注明的农产品买价和13%的扣除率计算的进项税额抵扣。四是向农业生产者个人收购其自产农产品，按照收购单位自行开具农产品收购发票上注明的农产品买价和13%的扣除率计算的进项税额抵扣。五是按照《财政部国家税务总局关于在部分行业试行农产品增值税进项税额核定扣除办法的通知》（财税〔2012〕38号）规定，生产销售液体乳及乳制品、酒及酒精、植物油实行核定扣除。《国家税务总局关于在部分行业试行农产品增值税进项税额核定扣除办法有关问题的公告》（国家税务总局公告2012年第35号）明确了具体的核定方法。后续《财政部国家税务总局关于扩大农产品增值税进项税额核定扣除试点行业范围的通知》（财税〔2013〕57号）规定，各地可根据实际情况自行扩大核定扣除范围。

另外，《办法》中还对纳税人取得的增值税扣税凭证抵扣进项税额的基本原则予以了明确：纳税人购买境外单位或者个人销售的服务、无形资产或者不动产，从税务机关或者扣缴义务人取得的解缴税款的完税凭证上注明的增值税额准予抵扣。

◎ 增值税简易计税方法

简易计税方法是指按照销售额与征收率的乘积计算应纳税额。《办法》第十九条规定，小规模纳税人发生的应税行为适用简易计税方法计税。

本条明确小规模纳税人发生应税行为，一律适用简易计税方法计税。小规模纳税人征收率为3%，36号文附件2《营业税改征增值税试点有关事项的规定》中明确了小规模纳税人销售和租赁不动产有关事项按5%征收率计税。

《办法》第二十条规定，境外单位或者个人在境内发生应税行为，在境内未设有经营机构的，扣缴义务人按照下列公式计算应扣缴税额：应扣缴税额=购买方支付的价款÷（1+税率）×税率。

本条款规定了境外单位和个人在境内发生应税行为的扣缴税款问题。

本条款适用于境外单位或者个人在境内销售服务、无形资产或者不动产，且没有在境内设立经营机构的情况。

范围仅限定于销售服务、无形资产或者不动产，即《办法》规定的应税行为范围。提供加工、修理修配劳务的，应按《增值税暂行条例》履行扣缴义务。

在计算应扣缴税额时，应将应税行为购买方支付的含税价款换算为不含税价款，再乘以应税行为的增值税适用税率（注意：不是增值税征收率），计算出应扣缴的增值税税额。

例如，境外公司为某纳税人提供咨询服务，合同价款为 106 万元，且该境外公司没有在境内设立经营机构，应以服务购买方为增值税扣缴义务人，则购买方应当扣缴的税额计算如下：应扣缴增值税 =106 ÷（1 +6%）×6% =6（万元）。

《办法》第三十四条规定，简易计税方法的应纳税额，是指按照销售额和增值税征收率计算的增值税额，不得抵扣进项税额。应纳税额计算公式：应纳税额 = 销售额 × 征收率。

本条所称销售额为不含税销售额。小规模纳税人一律采用简易计税方法计税，一般纳税人提供的特定应税服务可以选择简易计税方法。

采取简易计税方法计算应纳税额时，不得抵扣进项税额。

《办法》第三十五条规定，简易计税方法的销售额不包括其应纳税额，纳税人采用销售额和应纳税额合并定价方法的，按照下列公式计算销售额：销售额 = 含税销售额 ÷（1 + 征收率）。

本条具体规定了简易计税方法中如何将含税销售额换算为不含税销售额。

例如，某试点纳税人提供餐饮服务共收取 103 元，在计算时应先换算为不含税销售额，即不含税销售额 =103 ÷（1 +3%）=100（元），则增值税应纳税额 =100 ×3% =3（元）。

和原营业税计税方法的区别：原营业税应纳税额 =103 ×5% =5.15（元）。

《办法》第三十六条规定，纳税人适用简易计税方法计税的，因销售折让、中止或者退回而退还给购买方的销售额，应当从当期销售额中扣减。扣减当期销售额后仍有余额造成多缴的税款，可以从以后的应纳税额中扣减。

本条是对纳税人发生适用简易计税方法计税的应税行为扣减销售额的规定。

对小规模纳税人以及选择简易计税方法计税的一般纳税人销售服务、无形资产或者不动产并收取价款后，发生销售中止、折让或者退回的，依照本条规定将所退的款项扣减当期销售额。若已申请代开或已自行开具增值税专用发票的，按照开具红字专用发票的方法处理。

例如，某小规模纳税人仅经营某项应税服务，2015 年 5 月发生一笔销售额为 1000 元的业务并就此缴纳税额，6 月该业务由于合理原因发生退款（销售额皆为不含税销售额且不考虑小微企业政策因素）。

第一种情况：6 月该应税服务销售额为 5000 元。在 6 月的销售额中扣除退款的 1000 元，6 月最终的计税销售额为 5000 - 1000 = 4000（元），6 月缴纳的增值税为 4000 × 3% = 120（元）。

第二种情况：6 月该应税服务销售额为 600 元，7 月该应税服务销售额为 5000 元。6 月的销售额中扣除退款中的 600 元，最终的计税销售额为 600 - 600 = 0（元），应纳增值税额为 0 × 3% = 0（元）；6 月销售额不足扣减而多缴的税款为 400 × 3% = 12（元），可以从以后纳税期扣减应纳税额。7 月企业实际缴纳的税额为 5000 × 3% - 12 = 138（元）。

第四节　税务登记办理流程

从 2016 年 5 月 1 日起全面推开营业税改征增值税改革试点，具体纳税节点时间表已经出台。为了确保纳税人方便、快捷、准确地办理营改增试点的相关涉税业务，纳税人要熟知相关文件，并按要求办理税务登记手续。尤其需要注意的是，税务登记未领取过“三证合一”营业执照、国税机关和地税机关联合发放的税务登记证件、国税机关发放的税务登记证件的纳税人，需要到所在地主管国税机关办理税务登记手续，领取国税机关发放的税务登记证件。已领取过上述相关证、照的纳税人，只需要向主管国税机关核实税种登记的相关信息。

◎“营改增”纳税人办理税务登记的通告

根据 36 号文，自 2016 年 5 月 1 日起，建筑业、房地产业、金融业、生活服务业等营业税纳税人（以下简称营改增纳税人）由缴纳营业税改为缴纳增值税。目前，仍有部分营改增纳税人没有到国税机关办理税务登记等纳税事宜。为方便营改增纳税人办理涉税事项，现将办理税务登记事项通告如下：

目前仍没有到国税机关办理税务登记的营改增纳税人，请于 2016 年 5 月 31 日前携带以下资料，到主管国税机关办理税务登记信息确认：

（一）工商营业执照或其他核准执业证件副本原件及复印件 1 份，“三证合一、一照一码”的纳税人需提供加载统一社会信用代码的营业执照原件及复印件；

（二）税务登记证件副本原件及复印件1份（已取得“三证合一、一照一码”营业执照的纳税人无须提供）；

（三）法定代表人（负责人）居民身份证、护照或其他合法身份证件原件及复印件1份；

（四）财务负责人及办税人员身份证件复印件1份（非必带事项，仅为方便填写税务登记表信息）。

◎ 新一轮营改增后税务登记要做五件事

2016年5月1日最后一批营改增试点开始后，试点纳税人要抓紧时间到主管的县（市）、区国税办理营改增相关手续。在办理过程中特别需要做以下五件事：

第一件事：确认办理税务登记。纳税人接到电话、短信等通知后，要到主管国税局办理营改增确认手续，填写《营业税改征增值税纳税人确认回执》《营业税改征增值税纳税人确认调查表》《营业税改征增值税纳税人缴纳营业税期间营业收入确认回执》，确认办理税务登记及税种鉴定、签订税库银扣款协议等事项。

第二件事：办理一般纳税人资格登记。符合一般纳税人资格条件的，要到主管国税局办理一般纳税人认定手续，无须登记一般纳税人的则免去此步骤。按照政策规定，营改增一般纳税人的标准是年销售额超过500万元。

第三件事：鉴定发票票种。营改增后，试点纳税人使用的发票由地税营业税发票改为国税增值税发票。增值税发票包括增值税专用发票、增值税普通发票（含增值税电子普通发票、通用定额发票、通用手工发票、客运发票和二手车销售统一发票）。试点纳税人需到主管国税局填写《纳税人领用发票票种核定表》，确定使用哪种发票。如需要增值税专用发票的，还需填写《增值税专用发票最高开票限额申请单》。

第四件事：购买防伪税控设备。增值税一般纳税人要使用防伪税控系统开具增值税专用发票。通过增值税一般纳税人资格认定后，试点纳税人可自行选择购买航天信息或百旺金赋服务公司提供的防伪税控设备，记得要带上税务登记证、身份证、开户银行许可证、公章、法人章等资料。

第五件事：开通网上认证。一般纳税人在购买开通防伪税控系统后，要携带 U 盘，拷贝认证密钥，到主管国税局办理网上认证发票开通手续。

第五节　营改增一般纳税人发票管理相关规定

发票，是指在购销商品、提供或者接受服务以及从事其他经营活动中，开具、收取的收付款凭证，是财务会计核算的原始依据和税务机关执法检查的重要依据，是经济活动中重要的商事凭证和记录生产经营的书面证明。营改增后，试点增值税一般纳税人需通过增值税发票新系统开具增值税发票，相关规定如下。

◎ 发票种类

目前国家税务局的发票主要有：增值税专用发票、增值税普通发票、机动车销售统一发票和增值税电子普通发票。

2016 年 5 月 1 日起，地税机关不再向试点纳税人发放发票。试点纳税人已领取的地税机关印制的发票以及印有本单位名称的发票，可继续使用至 2016 年 6 月 30 日，特殊情况经省国税局确定，可适当延长使用期限，最迟不超过 2016 年 8 月 31 日。

纳税人在地税机关已申报营业税未开具发票，2016 年 5 月 1 日以后需要补开发票的，可于 2016 年 12 月 31 日前开具增值税普通发票（税务总局另有规定的除外）。

2016 年 5 月 1 日起，营改增试点纳税人中一般纳税人销售服务、无形资产或者不动产，使用增值税发票管理新系统开具增值税专用发票、增值税普通发票、机动车销售统一发票、增值税电子普通发票。增值税起征点以上（月销售额超过3万元或季销售额超过9万元）的小规模纳税人销售服务、无形资产，使用新系统开具增值税普通发票、机动车销售统一发票、增值税电子普通发票。门票、过路（过桥）费发票、定额发票、客运发票和其他特种发票暂可继续使用。

增值税普通发票（卷式）启用前，纳税人可通过新系统使用国税机关发放的现有卷式发票。

◎ 发票票种核定

一般纳税人在进行税务登记后，首次需要在主管国税税务机关申请领用发票的，应提供下列资料：《纳税人领用发票票种核定表》两份；税务登记证件或加载统一社会信用代码的营业执照；经办人身份证明原件及复印件（首次办理或经办人发生变化时提供）；发票专用章的印模（首次申请发票票种核定时提供）。

办税服务厅受理后，如果符合相关规定将通知纳税人领取《发票领用簿》和《增值税税控系统安装使用告知书》，未通过的将出具《税务事项通知书》。《发票领用簿》上载有核定的发票种类、数量和领票方式。

◎ 发票领用

一般纳税人需要使用发票的，可向主管税务机关领用专用发票。

一是大厅前台领取方式。凭税务登记证件和经办人身份证明（经办人变更的提供复印件）持《发票领用簿》和增值税税控系统专用设备向主管税务机关领用专用发票。

二是自助领用方式。纳税人持《发票领用簿》前往自助办税区自行领取。

三是税务机关邮寄方式。从2016年4月1日起在全省范围内为纳税信用等级A级和B级的纳税人提供“发票网上申领邮寄配送”服务。纳税人可通过登录网上申报平台进行自助注册开通，进入系统后单击“我要领票”模块办理发票网上申领业务，选择邮递配送发票，领取发票后在系统确认收到即可完成所有领票操作。

纳税信用为A级的纳税人或当地主管税务机关确定的纳税信用好、税收风险等级低的其他类型纳税人，可一次领取不超过3个月的增值税发票用量，手续齐全的，办税服务厅即时办理；采取汇总纳税的金融机构，省、自治区所辖地市以下分支机构可以使用地市级机构统一领取的增值税专用发票、增值税普通发票、增值税电子普通发票；直辖市、计划单列市所辖区县及以下分支机构可以使用直辖市、计划单列市机构统一领取的增值税专用发票、增值税普通发票、增值税电子普通发票。

◎ 发票开具

自2016年5月1日起，纳入新系统推行范围的试点纳税人及新办增值税纳税人，应使用新系统选择相应的编码开具增值税发票。

按照现行政策规定适用差额征税办法缴纳增值税，且不得全额开具增值税发票的（财政部、税务总局另有规定的除外），纳税人自行开具或者税务机关代开增值税发票时，通过新系统中差额征税开票功能，录入含税销售额（或含税评估额）和扣除额，系统自动计算税额和不含税费额，“备注”栏自动打印“差额征税”字样，发票不应与其他应税行为混开。

提供建筑服务的，纳税人自行开具或者税务机关代开增值税发票时，应在发票的“备注”栏注明建筑服务发生地县（市、区）名称和项目名称。

销售不动产的，纳税人自行开具或者税务机关代开增值税发票时，应在发票“货物或应税劳务、服务名称”栏填写不动产名称和房屋产权证书号码（无房屋产权证书的可不填写），“单位”栏填写面积单位，“备注”栏注明不动产的详细地址。

出租不动产的，纳税人自行开具或者税务机关代开增值税发票时，应在“备注”栏注明不动产的详细地址。

个人出租住房适用优惠政策减按 1.5% 征收的，纳税人自行开具或者税务机关代开增值税发票时，通过新系统中征收率减按 1.5% 征收开票功能，录入含税销售额，系统自动计算税额和不含税费额，发票不应与其他应税行为混开。

◎ 发票认证

一般纳税人抵扣进项税额，取得的增值税专用发票、货物运输业增值税专用发票和机动车销售统一发票，需自开具之日起 180 日内进行认证。认证通过，方可作为扣税凭证。纳税人进口货物取得的属于增值税扣税范围的海关缴款书，应自开具之日起 180 天内向主管税务机关报送《海关完税凭证抵扣清单》（电子数据），申请稽核比对，逾期未申请的，其进项税额不予抵扣。

一般纳税人到税务机关认证的，需携带增值税专用发票或者货物运输业增值税专用发票、机动车销售统一发票的抵扣联原件；专用发票抵扣联无法认证的，可使用专用发票发票联到税务机关认证；纳税人丢失已开具专用发票的发票联和抵扣联且丢失前未认证的，购买方可凭销售方提供的相应专用发票记账联复印件到税务机关进行认证。

根据国家税务总局相关政策规定，2016 年 5 月 1 日新纳入营改增试点的增值税一般纳税人，2016 年 5—7 月不需进行增值税发票认证，通过登录各省增值税发票查询平台，查询、选择用于申报抵扣或者出口退税的增值税发票信息，未查询到对应发票信息的，可进行扫描认证。2016 年 8 月起按照纳税信用级别分别适用发票认证的有关规定，对营改增纳税信用A级和B级的增值税一般纳税人取消增值税发票认证，通过发票勾选确认，上传信息抵扣。

◎ 发票退回

出现发票印制质量、发票发放错误、发票发放信息登记错误、纳税人领票信息电子数据丢失、税控设备故障等情况，税务机关为纳税人办理退票。纳税人需提供以下材料：《发票领用簿》；退回增值税专用发票、机动车销售统一发票和增值税普通发票的，应提供金税盘、税控盘、报税盘或IC卡；退回税控收款机发票的，应提供税控收款机用户卡；未使用的空白发票。

◎ 丢失发票的处理

一般纳税人丢失已开具专用发票的发票联和抵扣联，如果丢失前已认证相符的，购买方可凭销售方提供的相应专用发票记账联复印件及销售方主管税务机关出具的《丢失增值税专用发票已报税证明单》或《丢失货物运输业增值税专用发票已报税证明单》（以下统称《证明单》），作为增值税进项税额的抵扣凭证；如果丢失前未认证的，购买方可凭销售方提供的相应专用发票记账联复印件进行认证，认证相符的可凭专用发票记账联复印件及销售方主管税务机关出具的《证明单》，作为增值税进项税额的抵扣凭证。专用发票记账联复印件和《证明单》须留存备查。

一般纳税人丢失已开具专用发票的抵扣联，如果丢失前已认证相符的，可使用专用发票发票联复印件留存备查；如果丢失前未认证的，可使用专用发票发票联认证，专用发票发票联复印件留存备查。

一般纳税人丢失已开具专用发票的发票联，可将专用发票抵扣联作为记账凭证，专用发票抵扣联复印件留存备查。

◎ 红字发票开具

一般纳税人发生应税行为，开具增值税专用发票后，发生开票有误或者销售折让、中止、退回等情形的，应当按照国家税务总局的规定开具红字增值税专用发票；未按照规定开具红字增值税专用发票的，不得扣减销项税额或者销售额。

专用发票已交付购买方的，购买方可在增值税发票管理新系统中填开并上传《开具红字增值税专用发票信息表》或《开具红字货物运输业增值税专用发票信息表》（以下统称《信息表》）。《信息表》所对应的蓝字专用发票应经税务机关认证（所购货物或服务不属于增值税扣税项目范围的除外）。认证结果为“认证相符”并且已经抵扣增值税进项税额的，购买方在填开《信息表》时不填写相对应的蓝字专用发票信息，应暂依《信息表》所列增值税税额从当期进项税额中转出，未抵扣增值税进项税额的，可列入当期进项税额，待取得销售方开具的红字专用发票后，与《信息表》一并作为记账凭证；认证结果为“无法认证”“纳税人识别号认证不符”“专用发票代码、号码认证不符”，以及所购货物或服务不属于增值税扣税项目范围的，购买方不列入进项税额，不作进项税额转出，填开《信息表》时应填写相对应的蓝字专用发票信息。

专用发票尚未交付购买方或者购买方拒收的，销售方应于专用发票认证期限内在增值税发票管理新系统中填开并上传《信息表》。

主管税务机关通过网络接收纳税人上传的《信息表》，系统自动校验通过后，生成带有“红字发票信息表编号”的《信息表》，并将信息同步至纳税人端系统中。

销售方凭税务机关系统校验通过的《信息表》开具红字专用发票，在增值税发票管理新系统中以销项负数开具。红字专用发票应与《信息表》一一对应。

◎ 不得开具增值税专用发票

属于下列情形之一的，不得开具增值税专用发票：

（一）向消费者个人销售服务、无形资产或者不动产。

（二）适用免征增值税规定的应税行为。

（三）金融商品转让，不得开具增值税专用发票。

（四）向委托方收取的政府性基金或者行政事业性收费，不得开具增值税专用发票。

（五）试点纳税人提供有形动产融资性售后回租服务，向承租方收取的有形动产价款本金，不得开具增值税专用发票，可以开具普通发票。

（六）试点纳税人提供旅游服务，选择以取得的全部价款和价外费用，扣除向旅游服务购买方收取并支付给其他单位或者个人的住宿费、餐饮费、交通费、签证费、门票费和支付给其他接团旅游企业的旅游费用后的余额为销售额的，向旅游服务购买方收取并支付的上述费用，不得开具增值税专用发票，可以开具普通发票。

（七）一般纳税人销售自行开发的房地产项目，其2016年4月30日前收取并已向主管地税机关申报缴纳营业税的预收款，未开具营业税发票的，可以开具增值税普通发票，不得开具增值税专用发票。

（八）一般纳税人销售自己使用过的固定资产，凡根据规定适用按简易办法依3%征收率减按2%征收增值税政策的，应开具普通发票，不得开具增值税专用发票。

（九）纳税人销售旧货，应开具普通发票，不得自行开具或者由税务机关代开增值税专用发票。

（十）国家税务总局规定的其他不得开具增值税专用发票的情形。

第六节　纳税申报方式

纳税申报是纳税人在发生纳税义务后按照税法规定的期限和内容向主管税务机关提交有关纳税报告的法律行为。这里主要指的是一般纳税人和小规模纳税人的纳税申报，包括纸质申报和网上申报。纸质申报方式只针对辅导期企业，填好五张表格后（一式两份）带上抄好税的 IC 卡，先交专管员或值班人员稽核比对认证结果，再在申报征收窗口报税。五张表格分别为主表、进项税额明细表、销项情况明细表、专用发票申报抵扣明细、专用发票存根明细。网上申报方式针对除辅导期以外的一般纳税人，进入网上申报系统按提示申报即可，将申报反馈回来的结果打印出来再拿到税务局清 IC 卡。自 2016 年 6 月 1 日起，必须依照规定的申报期限、申报内容如实办理纳税申报。在纳税期内没有应纳税款或者享受减税、免税待遇的，均应当按照规定办理纳税申报。

◎ 一般纳税人纳税申报方式

第一，一般纳税人报税时间。

一般纳税人每月 1 日必须进行防伪税控开票机的抄税工作，在税务机关规定的报税时间前到办税服务厅办理报税工作。

报税时纳税人需要携带税控 IC 卡、增值税防伪税控开票系统打印的增值税销项发票统计表和增值税销项发票明细表，抄税不成功的纳税人还需要携带上月已开具发票的记账联进行存根联补录。

第二，一般纳税人增值税抄、报税流程。

抄税是指开票单位将防伪税控中开具的增值税发票的信息读入企业开具发票使用的 IC 卡中，然后将 IC 卡带到国税局去，读到其电脑系统中，以便和取得发票的企业认证进项税费。记入国税局计算机系统的信息进行全国范围的发票比对，防止企业开具阴阳票、大头小尾票，并控制企业的销售收入。

抄报税包括抄税、报税、认证，是增值税防伪税控系统每个月必须做的工作。具体按照以下具体的操作顺序进行：

一是抄税。用户抄报税流程为：抄税写 IC 卡—打印各种报表—报税；抄税起始日正常抄税处理为：进入系统—报税处理—抄报税管理—抄税处理—系统弹出“确认对话框”—插入 IC 卡，确认—正常抄写 IC 卡成功；重复抄上月旧税处理为：进入系统—报税处理—抄报税管理—抄税处理—系统弹出“确认对话框”—插入 IC 卡，确认—抄上月旧税成功；金税卡状态查询流程为：进入系统—报税处理—金税卡管理—金税卡状态查询—系统弹出详细的信息。

二是报税。将抄税后的 IC 卡和打印的各种销项报表交给税务局纳税服务大厅受理报税的税务工作人员，他们会根据报税系统的要求报税，也就是读取 IC 卡上的开票信息，与各种销项报表相核对，再进行报税处理。

三是认证。认证时携带当月要准备抵扣的增值税发票抵扣联到国税局发票认证窗口办理即可。增值税专用发票开出 180 天内认证有效。当月认证的必须在当月抵扣。

第三，一般纳税人网上办税简易操作流程。

基本要求和步骤：实行网上办税的纳税人应先登录国家税务局网站进行注册（电脑用户注册，打印协议，税局盖章生效并开通账号），取得用户名和密码；进入互联网，打开网页浏览器，输入国家税务局网址；在首页单击“网上办税”菜单，进入网上办税大厅，输入用户名（即税务登记号）和密码，单击“登录”按钮，即可进入网上办税大厅进行业务操作。

一般纳税人网上报税流程（以增值税申报为例）：单击“申报征收”菜单，进入申报界面，左边会显示该企业可以进行申报的税种；选择一般纳税人增值税申报，单击“进入申报”按钮；系统弹出对话框，上传申报描述文件；该文件与申报文件存放在同一位置，文件名为“RepFileInfo. Xml”，单击“浏览”，选择该文件，然后单击“确定”按钮，上传该文件；上传申报描述文件成功后系统会自动跳转到“上传申报文件”界面；根据系统给出的需上传的文件种类，逐个单击“浏览”选择需上传的文件，单击“确定”按钮，系统会弹出此次申报的所有报表名称以供确认，确认无误后单击“确定”按钮，系统会弹出“文件上传结果”页面，如果上传成功，则会提示“文件上传成功，后台正在处理申报，你可以通过申报结果查询功能稍候再查询结果”；用户可使用“一般纳税人申报结果查询”获得处理后的申报结果，如果申报结果中提示申报成功，即可进行“缴税”操作；可以从“申报征收”的首页进入缴税功能，或者在申报成功后进入；“网上缴税”页面中显示企业欠税信息列表，在“待处理税款”一列可以查看到某个税种的欠税数额明细；单击“清缴税款”按钮，系统弹出提示询问是否确定继续；单击“确定”按钮，系统将自动从银行进行扣款；如果系统提示扣款成功，表示本次已全额扣税，用户即完成了本次网上申报缴税的全部操作，此时可单击“注销登录”按钮，退出网上办税大厅。

◎ 小规模纳税人网上纳税申报方法

随着科技的发展创新，如今纳税人可以通过网络进行报税，无须前往税务局办理一系列的手续。小规模纳税人报税没有什么特别需要注意的地方，按规定，工业企业按销售额的6%计算应纳税额，商业企业则按销售额的4%进行计算。小规模纳税人与一般纳税人的区别就在于：小规模的纳税人不能抵扣进项税，要全额进成本，而一般纳税人则可以抵扣进项税。

第一，小规模纳税人的国税网上纳税申报方法。

登录当地税务系统；进入国税局网站首页，右侧有“办税服务厅登录”；进入办税服务厅，选择“国税纳税人登录”；输入纳税人识别号及密码进行登录；登录成功后，进行纳税申报。

需要注意的是，纳税人识别号是税务登记证上最长的那一串数字，纳税人的密码默认为8位纳税人编码。首次登录以后可以进行修改。

第二，小规模纳税人的地税网上纳税申报方法。

登录地税局的官网，选择“电子税务局”；电子税务局提供网上申报、网上查询等各种功能，登录成功后按需求进行操作即可；申报缴税需要登录系统，有三种登录方式，最常用的是手机动态码登录，获取绑定的手机动态验证码就可以登录了。

需要注意的是，地税系统现在都是采用手机动态验证码登录，纳税人需要先去税务部门办理绑定。

第七节　试点增值税税收优惠

经国务院批准，财政部、国家税务总局于 2016 年 3 月 24 日发布了《关于全面推开营业税改征增值税试点的通知》（以下简称《通知》），《通知》特别说明，增值税优惠政策除已规定期限的项目和第五条政策外，其他均在营改增试点期间执行。如果试点纳税人在纳入营改增试点之日前已经按照有关政策规定享受了营业税税收优惠，在剩余税收优惠政策期限内，按照本规定享受有关增值税优惠。企业和个人纳税主体不仅要了解《通知》中的免征增值税项目，还应该知道在实务中如何办理。

◎ 试点增值税税收优惠项目

《通知》附件《营业税改征增值税试点过渡政策的规定》明确，个人销售自建自用住房、个人转让著作权等 40 个项目免征增值税：

1. 托儿所、幼儿园提供的保育和教育服务。

2. 养老机构提供的养老服务。

3. 残疾人福利机构提供的育养服务。

4. 婚姻介绍服务。

5. 殡葬服务。

6. 残疾人员本人为社会提供的服务。

7. 医疗机构提供的医疗服务。

8. 从事学历教育的学校提供的教育服务。

9. 学生勤工俭学提供的服务。

10. 农业机耕、排灌、病虫害防治、植物保护、农牧保险以及相关技术培训服务，家禽、牲畜、水生动物的配种和疾病防治。

11. 纪念馆、博物馆、文化馆、文物保护单位管理机构、美术馆、展览馆、书画院、图书馆在自己的场所提供文化体育服务取得的第一道门票收入。

12. 寺院、宫观、清真寺和教堂举办文化、宗教活动的门票收入。

13. 行政单位之外的其他单位收取的符合《办法》第十条规定条件的政府性基金和行政事业性收费。

14. 个人转让著作权。

15. 个人销售自建自用住房。

16. 2018 年 12 月 31 日前，公共租赁住房经营管理单位出租公共租赁住房。

17. 台湾航运公司、航空公司从事海峡两岸海上直航、空中直航业务在大陆取得的运输收入。

18. 纳税人提供的直接或者间接国际货物运输代理服务。

19. 以下利息收入：

（1）2016 年 12 月 31 日前，金融机构农户小额贷款。

（2）国家助学贷款。

（3）国债、地方政府债。

（4）中国人民银行对金融机构的贷款。

（5）住房公积金管理中心用住房公积金在指定的委托银行发放的个人住房贷款。

（6）外汇管理部门在从事国家外汇储备经营过程中，委托金融机构发放的外汇贷款。

（7）统借统还业务中，企业集团或企业集团中的核心企业以及集团所属财务公司按不高于支付给金融机构的借款利率水平或者支付的债券票面利率水平，向企业集团或者集团内下属单位收取的利息。

20. 被撤销金融机构以货物、不动产、无形资产、有价证券、票据等财产清偿债务。

21. 保险公司开办的一年期以上人身保险产品取得的保费收入。

22. 下列金融商品转让收入：

（1）合格境外投资者（QFII）委托境内公司在我国从事证券买卖业务。

（2）香港市场投资者（包括单位和个人）通过沪港通买卖上海证券交易所上市A股。

（3）香港市场投资者（包括单位和个人）通过基金互认买卖内地基金份额。

（4）证券投资基金（封闭式证券投资基金、开放式证券投资基金）管理人运用基金买卖股票、债券。

（5）个人从事金融商品转让业务。

23. 金融同业往来利息收入。

24. 同时符合下列条件的担保机构从事中小企业信用担保或者再担保业务取得的收入（不含信用评级、咨询、培训等收入）3年内免征增值税。

（1）已取得监管部门颁发的融资性担保机构经营许可证，依法登记注册为企（事）业法人，实收资本超过2000万元。

（2）平均年担保费率不超过银行同期贷款基准利率的50%。平均年担保费率=本期担保费收入÷（期初担保余额+本期增加担保金额）×100%。

（3）连续合规经营2年以上，资金主要用于担保业务，具备健全的内部管理制度和为中小企业提供担保的能力，经营业绩突出，对受保项目具有完善的事前评估、事中监控、事后追偿与处置机制。

（4）为中小企业提供的累计担保贷款额占其两年累计担保业务总额的80%以上，单笔800万元以下的累计担保贷款额占其累计担保业务总额的50%以上。

（5）对单个受保企业提供的担保余额不超过担保机构实收资本总额的10%，且平均单笔担保责任金额最多不超过3000万元人民币。

（6）担保责任余额不低于其净资产的3倍，且代偿率不超过2%。

25. 国家商品储备管理单位及其直属企业因承担商品储备任务，从中央或者地方财政取得的利息补贴收入和价差补贴收入。

26. 纳税人提供技术转让、技术开发和与之相关的技术咨询、技术服务。

27. 同时符合下列条件的合同能源管理服务：

（1）节能服务公司实施合同能源管理项目相关技术，应当符合国家质量监督检验检疫总局和国家标准化管理委员会发布的《合同能源管理技术通则》（GB/T24915－2010）规定的技术要求。

（2）节能服务公司与用能企业签订节能效益分享型合同，其合同格式和内容符合《中华人民共和国合同法》和《合同能源管理技术通则》（GB/T24915－2010）等规定。

28. 2017年12月31日前，科普单位的门票收入，以及县级及以上党政部门和科协开展科普活动的门票收入。

29. 政府举办的从事学历教育的高等、中等和初等学校（不含下属单位），举办进修班、培训班取得的全部归该学校所有的收入。

30. 政府举办的职业学校设立的主要为在校学生提供实习场所，并由学校出资自办、由学校负责经营管理、经营收入归学校所有的企业，从事《销售服务、无形资产或者不动产注释》中“现代服务”（不含融资租赁服务、广告服务和其他现代服务）、“生活服务”（不含文化体育服务、其他生活服务和桑拿、氧吧）业务活动取得的收入。

31. 家政服务企业由员工制家政服务员提供家政服务取得的收入。

32. 福利彩票、体育彩票的发行收入。

33. 军队空余房产租赁收入。

34. 为了配合国家住房制度改革，企业、行政事业单位按房改成本价、标准价出售住房取得的收入。

35. 将土地使用权转让给农业生产者用于农业生产。

36. 涉及家庭财产分割的个人无偿转让不动产、土地使用权。

37. 土地所有者出让土地使用权和土地使用者将土地使用权归还给土地所有者。

38. 县级以上地方人民政府或自然资源行政主管部门出让、转让或收回自然资源使用权（不含土地使用权）。

39. 随军家属就业。

40. 军队转业干部就业。

◎ 试点增值税税收优惠的办理

纳税人享受税收优惠前，应按规定进行优惠资格报批或备案。除不需报批、备案的项目外，未按规定报批或备案的项目不得享受税收优惠。

第一，直接免税、税额抵减。

纳税人在享受该类税收优惠项目之前应到主管税务机关办理备案登记。受理人员审核纳税人申报资料是否齐全，附报资料原件和复印件是否相符，审核相符的，核查原件后留存复印件。主管税务机关在受理纳税人优惠备案后 7 个工作日内完成登记备案工作，并书面告知纳税人。税收优惠自登记备案之日起执行。

第二，即征即退。

纳税人在享受即征即退税收优惠之前应向主管税务机关提出书面申

请，并提交相关资料。

主管税务机关收到纳税人的税收优惠申请后，审查资料是否齐全、规范，复印件与原件是否一致，出具加盖本机关印章和注明日期的书面凭证，告知受理或者不予受理税收优惠申请。申请材料齐全、符合法定形式的，主管税务机关受理纳税人的申请；申请的税收优惠项目，依法不需要由税务机关审批后执行的，当及时告知纳税人不受理，并告知如何办理；申请材料不详或存在错误的，告知纳税人进行更正；申请的税收优惠材料不齐全或者不符合法定形式的，一次性告知纳税人需要补正的全部内容。调查人员需要对申请材料的内容进行实地核实，由 2 名以上工作人员按规定程序进行核查，并将核查情况记录在案。有审批权的税务机关在 20 个工作日内做出审批决定，并书面告知纳税人。享受报批类税收优惠的起始时间自税务机关审批确定的日期起执行；未按规定申请或虽申请但未获得有审批权的税务机关审批确认的，纳税人不得享受税收优惠。

第三，退税办理。

享受增值税即征即退的试点纳税人应当分别计算即征即退项目与一般项目的增值税税款，填入增值税申报表相应栏次，申报缴纳税款结束后可向主管税务机关提出退税申请，并报送如下资料：《退税申请审批表》；相应的税款入库凭证复印件。

对符合法定条件和要求的，税务机关受理纳税人的退税申请，在受理退税申请之日起 15 个工作日内完成审批。

第四，税收优惠的其他规定。

纳税人因生产经营变化等原因导致税收优惠条件发生变化的，应自发生变化之日起 15 日内向主管国税机关报告，经主管国税机关审核后，停止不符合税收优惠条件的纳税人享受税收优惠。主管国税机关在日常管理或年度清查过程中发现纳税人已不具备享受税收优惠条件的，应停止其享受税收优惠。

试点纳税人兼营免税、减税项目的，应当分别核算免税、减税项目的销售额；未分别核算销售额的，不得免税、减税。

试点纳税人提供应税服务适用免税规定的，可以放弃免税，按照本办法的规定缴纳增值税。放弃免税后，36 个月内不得再申请免税。纳税人一经放弃免税权，其生产销售的全部增值税应税货物或劳务以及应税服务均应按照适用税率征税，不得放弃某一免税项目的免税权，也不得根据不同的销售对象放弃部分货物或劳务以及应税服务的免税权。

同一税种的两个或两个以上的税收优惠政策，如果同时适用于试点纳税人的同一应税项目，除法律、法规另有规定外，纳税人只能选择适用其中一项税收优惠，不能两项或两项以上税收优惠累加执行。

第八节　营改增相关会计处理及案例

江苏省根据国家现行的会计准则和《财政部关于印发企业执行新税收条例有关会计处理规定的通知》(〔1993〕财会字第83号)、《财政部关于对增值税会计处理有关问题补充规定的通知》(财会字〔1995〕22号)、《财政部关于印发营业税改征增值税试点有关企业会计处理规定的通知》(财会字〔2012〕13号)及其他一系列增值税具体事项会计处理的相关规定，对江苏省增值税纳税人应税服务的增值税会计处理提出建议。此建议可作为其他省份纳税人进行营改增会计处理时的参考。

◎ 会计科目设置

一般纳税人应在“应交税费”科目下设置“应交增值税”“未交增值税”两个明细科目；辅导期管理的一般纳税人应在“应交税费”科目下增设“待抵扣进项税额”明细科目；兼有应税服务的原增值税一般纳税人改征期初有进项留抵税款的，应在“应交税费”科目下增设“增值税留抵税额”明细科目。在“应交增值税”明细账中，借方应设置“进项税额”“已交税费”“出口抵减内销应纳税额”“减免税款”“转出未交增值税”等专栏，贷方应设置“销项税额”“出口退税”“进项税额转出”“转出多交增值税”等专栏。小规模纳税人应在“应交税费”科目下设置“应交增值税”明细科目，不需要再设置上述专栏。

“进项税额”专栏，记录企业购入货物或接受应税劳务和应税服务而支付的、准予从销项税额中抵扣的增值税额。企业购入货物或接受应税劳务和应税服务支付的进项税额用蓝字登记。

“减免税款”专栏，记录企业按规定抵减的增值税应纳税额，包括允许在增值税应纳税额中全额抵减的初次购买增值税税控系统专用设备支付的费用以及缴纳的技术维护费。

“已交税费”专栏，记录企业已缴纳的增值税额。企业已缴纳的增值税额用蓝字登记。

“出口抵减内销应纳税额”专栏，记录企业按免抵退税规定计算的向境外单位提供适用增值税零税率应税服务的当期应免抵税额。

“转出未交增值税”专栏，记录企业月末转出应交未交的增值税。企业转出当月发生的应交未交的增值税额用蓝字登记。

“销项税额”专栏，记录企业提供应税服务应收取的增值税额。企业提供应税服务应收取的销项税额用蓝字登记；发生服务中止或按规定可以实行差额征税、按照税法规定允许扣减的增值税额应冲减销项税额，用红字或负数登记。

“出口退税”专栏，记录企业向境外提供适用增值税零税率的应税服务，按规定计算的当期免抵退税额或按规定直接计算的应收出口退税额。出口业务办理退税后发生服务中止而补交已退的税款用红字或负数登记。

“进项税额转出”专栏，记录企业由于各类原因而不应从销项税额中抵扣，按规定转出的进项税额。

“转出多交增值税”专栏，记录企业月末转出多交的增值税。企业转出当月发生的多交的增值税额用蓝字登记。

“未交增值税”明细科目，核算一般纳税人月末转入的应交未交增值税额，转入多交的增值税也在本明细科目核算。

“待抵扣进项税额”明细科目，核算一般纳税人按税法规定不符合抵扣条件，暂不予在本期申报抵扣的进项税额。

“增值税留抵税额”明细科目，核算一般纳税人试点当月按照规定不得从应税服务的销项税额中抵扣的月初增值税留抵税额。

◎ 一般会计处理方法

第一，一般纳税人在国内采购的货物或接受的应税劳务和应税服务，取得的增值税扣税凭证，按税法规定符合抵扣条件的、可在本期申报抵扣的进项税额，借记“应交税费——应交增值税（进项税额）”科目，按应计入相关项目成本的金额，借记“材料采购”“商品采购”“原材料”“制造费用”“管理费用”“营业费用”“固定资产”“主营业务成本”“其他业务成本”等科目，按照应付或实际支付的金额，贷记“应付账款”“应付票据”“银行存款”等科目。购入货物发生的退货或接受服务中止，作相反的会计分录。

一般纳税人在国内采购的货物或接受的应税劳务和应税服务，取得增值税专用发票（不含小规模纳税人代开的货运增值税专用发票），按发票注明增值税税额进行核算。

2013 年 1 月，苏州 A 物流企业提供交通运输收入 100 万元，物流辅助收入 100 万元，按照适用税率，分别开具增值税专用发票，款项已收。当月委托上海 B 企业一项运输业务，取得 B 企业开具的货物运输业增值税专用发票，价款 20 万元，注明的增值税额为 2. 2 万元。

A 企业取得 B 企业货物运输业增值税专用发票后的会计处理：

借：主营业务成本　　200000

　　应交税费——应交增值税（进项税额）　　22000

　　贷：应付账款——B 公司　　222000

2013 年 7 月 2 日，苏州 A 物流企业（一般纳税人）与 H 公司（一般纳税人）签订合同，为其提供购进货物的运输服务，H公司于签订协议时全额支付现金6万元，且开具了专用发票。7月8日，由于前往目的地的道路被冲毁，双方同意中止履行合同。H公司将尚未认证的专用发票退还给A企业，A企业返还运费。

其一，H公司7月2日取得专用发票的会计处理：

借：在途物资　　54054.05

　　应交税费——应交增值税（进项税额）　　5945.95

　　贷：现金　　60000

其二，H公司7月8日发生服务中止的会计处理：

借：银行存款　　60000

　　在途物资　　-54054.05

　　应交税费——应增值税（进项税额）　　-5945.95

一般纳税人购进农产品，取得销售普通发票或开具农产品收购发票的，按农产品买价和13%的扣除率计算进项税额进行会计核算。

2013年2月，苏州S生物科技公司进行灵芝栽培技术研发，从附近农民手中收购1500元稻草与棉壳用作研发过程中的栽培基料，按规定已开具收购凭证，价款已支付。

S公司收购稻草与棉壳的会计处理：

借：低值易耗品　　1305

　　应交税费——应交增值税（进项税额）　　195

　　贷：现金　　1500

一般纳税人进口货物或接受境外单位或者个人提供的应税服务，按照海关提供的海关进口增值税专用缴款书上注明的增值税额或中华人民共和国税收通用缴款书上注明的增值税额进行会计核算。

2013年5月，连云港G港口公司从澳大利亚Re公司进口散货装卸设备一台，价款1500万元已于上月支付，缴纳进口环节的增值税255万元，取得海关进口增值税专用缴款书。

相关会计处理：

借：工程物资　　15000000

　　贷：银行存款付账款　　1500000

借：应交税费——应交增值税（进项税额）　　2550000

　　贷：银行存款　　2550000

2013 年 6 月，连云港 G 港口公司进行传输带系统技术改造过程中，接受澳大利亚 Re 公司的技术指导，合同总价为 18 万元。当月改造完成，澳大利亚 Re 公司境内无代理机构，G 公司办理扣缴增值税手续，取得扣缴通用缴款书，并将扣税后的价款支付给 Re 公司。书面合同、付款证明和 Re 公司的对账单齐全。

其一，扣缴增值税税款时的会计处理：

借：应交税费——应交增值税（进项税额）　　10188. 68

　　贷：银行存款　　10188. 68

其二，支付价款时的会计处理：

借：在建工程　　169811. 32

　　贷：银行存款　　169811. 32

接受交通运输业服务，按照取得铁路运输费用结算单据、非试点地区开具的运输费用结算单据或者试点地区小规模纳税人代开的货运增值税专用发票上注明的运输费用金额和 7% 的扣除率计算进项税额。

第二，一般纳税人（辅导期）在国内采购的货物或接受的应税劳务和应税服务已经取得的增值税扣税凭证，按税法规定不符合抵扣条件，暂不予在本期申报抵扣的进项税额，借记“应交税费——待抵扣进项税额”科目，应计入采购成本的金额，借记“材料采购”“商品采购”“原材料”“制造费用”“管理费用”“营业费用”“固定资产”“主营业务成本”“其他业务成本”等科目，按照应付或实际支付的金额，贷记“应付账款”

"应付票据""银行存款"等科目。

收到税务机关告知的稽核比对结果通知书及其明细清单后，按稽核比对结果通知书及其明细清单注明的稽核相符、允许抵扣的进项税额，借记"应交税费——应交增值税（进项税额）"，贷记"应交税费——待抵扣进项税额"。

第三，兼有增值税应税服务的原增值税一般纳税人，应在营业税改征增值税开始试点的当月月初将不得从应税服务的销项税额中抵扣的上期留抵税额，转入"增值税留抵税额"明细科目，借记"应交税费——增值税留抵税额"科目，贷记"应交税费——应交增值税（进项税额转出）"科目。

待以后期间允许抵扣时，按允许抵扣的金额，借记"应交税费——应交增值税（进项税额）"科目，贷记"应交税费——增值税留抵税额"科目。

第四，一般纳税人提供应税服务，按照确认的收入和按规定收取的增值税额，借记"应收账款""应收票据""银行存款"等科目，按照按规定收取的增值税额，贷记"应交税费——应交增值税（销项税额）"科目，按确认的收入，贷记"主营业务收入""其他业务收入"等科目。发生的服务中止或折让，作相反的会计分录。

2013 年 1 月，苏州 A 物流企业提供交通运输收入 100 万元，物流辅助收入 100 万元，按照适用税率，分别开具增值税专用发票，款项已收。当月委托上海 B 企业一项运输业务，取得 B 企业开具的货物运输业增值税专用发票，价款 20 万元，注明的增值税额为 2.2 万元。

其一，取得运输收入的会计处理：

借：银行存款　　1110000

　　贷：主营业务收入——运输　　1000000

　　　　应交税费——应交增值税（销项税额）　　110000

其二，取得物流辅助收入的会计处理：

借：银行存款　　　　1060000

　　贷：其他业务收入——物流　　　　1000000

　　　　应交税费——应交增值税（销项税额）　　　　60000

2013 年 7 月 2 日，苏州 A 物流企业与 H 公司签订合同，为其提供购进货物的运输服务，H 公司于签订协议时全额支付现金 6 万元，且开具了增值税专用发票。7 月 8 日，由于前往目的地的道路被冲毁，双方同意中止履行合同。H 公司将尚未认证的专用发票退还给 A 企业，A 企业返还运费。

其一，A 企业 7 月 2 日取得运输收入的会计处理：

借：现金　　　　60000

　　贷：主营业务收入——运输　　　　54054.05

　　　　应交税费——应交增值税（销项税额）　　　　5945.95

其二，A 企业 7 月 8 日发生服务中止的会计处理：

贷：银行存款　　　　60000

　　主营业务收入——运输　　　　-54054.05

　　应交税费——应交增值税（销项税额）　　　　-5945.95

2013 年 5 月，无锡 X 设备租赁公司出租给 L 公司两台数控机床，收取半年租金 18 万元并开具发票，L 公司使用两个月后发现其中一台机床的齿轮存在故障无法运转，要求 X 公司派人进行维修并退还 L 公司维修期间租金 2 万元，L 公司至主管税务机关开具《开具红字增值税专用发票通知单》，X 公司开具红字专用发票，退还已收租金 2 万元。

其一，X 公司 5 月取得租金收入的会计处理：

借：银行存款　　　　180000

　　贷：主营业务收入——设备出租　　　　153846.15

　　　　应交税费——应交增值税（销项税额）　　　　26153.85

其二，X 公司开具红字专用发票的会计处理：

贷：银行存款　　　　20000

主营业务收入——运输　　　　　　　　　　　　　　　-17094.02

应交税费——应交增值税（销项税额）　　　　　　　　-2905.98

一般纳税人发生《办法》第十一条所规定的情形，视同提供应税服务应提取的销项税额，借记“营业外支出”“应付利润”等科目，贷记“应交税费——应交增值税（销项税额）”科目。

2013 年 3 月 3 日，南京 K 律师事务所安排两名律师参加某企业家沙龙，免费提供资产重组相关业务法律咨询服务 4 小时。3 月 5 日，该律师事务所安排三名律师参加“学雷锋”活动，在市民广场进行免费法律咨询服务 3 小时（该律师事务所民事业务咨询服务价格为每人 800 元/小时）。

其一，3 月 3 日免费提供资产重组业务法律咨询，按最近时期提供同类应税服务的平均价格计算销项税额：(2×4×800) ÷ (1+6%) ×6% = 362.26（元）。

相关会计处理：

借：营业外支出　　　　　　　　　　　　　　　362.26

　　贷：应交税费——应交增值税（销项税额）　　　　362.26

其二，3 月 5 日以社会公众为对象的服务活动，不属于视同提供应税服务的范畴。

第五，一般纳税人向境外单位提供适用零税率的应税服务，不计算应税服务销售额应缴纳的增值税，凭有关单证向税务机关申报办理该项出口服务的免抵退税。

按税务机关批准的免抵税额借记“应交税费——应交增值税（出口抵减内销应纳税额）”，按应退税额借记“其他应收款——应收退税款（增值税出口退税）”等科目，按免抵退税额贷记“应交税费——应交增值税（出口退税）”科目。

收到退回的税款时，借记“银行存款”科目，贷记“其他应收款——应收退税款（增值税出口退税）”科目。

办理退税后发生服务中止补交已退回税款的，用红字或负数登记。

第六，发生购进货物改变用途以及非正常损失等原因，按规定进项额不得抵扣的，借记“其他业务成本”“在建工程”“应付福利费”“待处理财产损溢”等科目，贷记“应交税费——应交增值税（进项税额转出）”科目。

第七，纳税人提供应税服务取得按规定的免征增值税收入时，借记“银行存款”“应收账款”“应收票据”等科目，贷记“主营业务收入”“其他业务收入”等科目。

第八，当月缴纳本月增值税时，借记“应交税费——应交增值税（已交税费）”科目，贷记“银行存款”科目。

M 货运公司 2013 年 3 月虚开增值税专用发票被国税稽查部门查处，当月收到主管税务机关的《税务事项通知书》，告知对其实行纳税辅导期管理。4 月 3 日，M 公司当月第一次领购专用发票 25 份，17 日已全部开具，取得营业额 86000 元（含税）；18 日该公司再次到主管税务机关申领发票，按规定对前次已领购并开具的专用发票销售额预缴增值税。

预缴增值税税款的计算：86000 ÷ （1 +11%） ×3% =2324. 32 （元）。

相关会计处理：

借：应交税费——应交增值税（已交税费）　　　　2324. 32

　　贷：银行存款　　　　　　　　　　　　　　　　2324. 32

第九，一般纳税人首次购入增值税税控系统专用设备，按实际支付或应付的金额，借记“固定资产”科目，贷记“银行存款”“应付账款”等科目。按规定抵减的增值税应纳税额，借记“应交税费——应交增值税（减免税款）”科目，贷记“递延收益”科目。按期计提折旧，借记“管理费用”等科目，贷记“累计折旧”科目；同时，借记“递延收益”科目，贷记“管理费用”等科目。

一般纳税人发生技术维护费，按实际支付或应付的金额，借记“管理费用”等科目，贷记“银行存款”等科目。按规定抵减的增值税应纳税额，借记“应交税费——应交增值税（减免税款）”科目，贷记“管理费用”等科目。

2013 年 1 月，苏州 S 生物科技公司首次购入增值税税控系统设备，支付价款 1416 元，同时支付当年增值税税控系统专用设备技术维护费 370 元。当月两项合计抵减当月增值税应纳税额 1786 元。

其一，首次购入增值税税控系统专用设备的会计处理

借：固定资产——税控设备　　1416

　　贷：银行存款　　1416

其二，发生防伪税控系统专用设备技术维护费的会计处理

借：管理费用　　370

　　贷：银行存款　　370

其三，抵减当月增值税应纳税额的会计处理

借：应交税费——应交增值税（减免税款）　　1786

　　贷：管理费用　　370

　　　　递延收益　　1416

其四，以后各月计提折旧时（按 3 年，残值 10% 举例）的会计处理

借：管理费用　　35.40

　　贷：累计折旧　　35.40

借：递延收益　　35.40

　　贷：管理费用　　35.40

第十，一般纳税人提供适用简易计税方法应税服务的，借记“现金”“银行存款”“应收账款”等科目，贷记“主营业务收入”“其他业务收入”等科目，贷记“应交税费——未交增值税”科目。

一般纳税人提供适用简易计税方法应税服务的，发生《办法》第十一条所规定情形视同提供应税服务应缴纳的增值税额，借记“营业外支出”“应付利润”等科目，贷记“应交税费——未交增值税”科目。

2012年10月25日，南京Z巴士公司当天取得公交乘坐费85000元。

按简易计税办法计算增值税应纳税款：85000÷103%×3%=2475.73（元），相应会计处理为：

借：现金　85000

　贷：主营业务收入　82524.27

　　应交税费——未交增值税　2475.73

第十一，月末，一般纳税人应将当月发生的应交未交增值税额自“应交税费——应交增值税”科目转入“未交增值税”明细科目，借记“应交税费——应交增值税（转出未交增值税）”科目，贷记“应交税费——未交增值税”科目。或将本月多交的增值税自“应交税费——应交增值税”科目转入“未交增值税”明细科目，借记“应交税费——未交增值税”科目，贷记“应交税费——应交增值税（转出多交增值税）”科目。

一般纳税人的“应交税费——应交增值税”科目的期末借方余额，反映尚未抵扣的增值税。“应交税费——未交增值税”科目的期末借方余额，反映多交的增值税；贷方余额，反映未交的增值税。

第十二，次月缴纳本月应交未交的增值税，借记“应交税费——未交增值税”科目，贷记“银行存款”科目。收到退回多交增值税税款时，借记“银行存款”科目，贷记“应交税费——未交增值税”科目。

第十三，小规模纳税人提供应税服务，按确认的收入和按规定收取的增值税额，借记“应收账款”“应收票据”“银行存款”等科目，按规定收取的增值税额，贷记“应交税费——应交增值税”科目，按确认的收入，贷记“主营业务收入”“其他业务收入”等科目。

第十四，小规模纳税人初次购入增值税税控系统专用设备，按实际支付或应付的金额，借记“固定资产”科目，贷记“银行存款”“应付账款”等科目。按规定抵减的增值税应纳税额，借记“应交税费——应交增值税”科目，贷记“递延收益”科目。按期计提折旧，借记“管理费用”

等科目，贷记“累计折旧”科目；同时，借记“递延收益”科目，贷记“管理费用”等科目。

小规模纳税人发生技术维护费，按实际支付或应付的金额，借记“管理费用”等科目，贷记“银行存款”等科目。按规定抵减的增值税应纳税额，借记“应交税费——应交增值税”科目，贷记“管理费用”等科目。

第十五，小规模纳税人月份终了上交增值税时，借记“应交税费——应交增值税”科目，贷记“银行存款”科目。收到退回多交的增值税税款时，作相反的会计分录。

◎ 适用差额征税的会计处理方法

第一，一般纳税人的会计处理。

一般纳税人提供应税服务，试点期间按照营业税改征增值税有关规定允许从销售额中扣除其支付给非试点纳税人价款的，应在“应交税费——应交增值税”科目下增设“营改增抵减的销项税额”专栏，用于记录该企业因按规定扣减销售额而减少的销项税额；同时，“主营业务收入”“主营业务成本”等相关科目应按经营业务的种类进行明细核算。

企业接受应税服务时，按规定允许扣减销售额而减少的销项税额，借记“应交税费——应交增值税（营改增抵减的销项税额）”科目，按实际支付或应付的金额与上述增值税额的差额，借记“主营业务成本”等科目，按实际支付或应付的金额，贷记“银行存款”“应付账款”等科目。

对于期末一次性进行账务处理的企业，按规定当期允许扣减销售额而减少的销项税额，借记“应交税费——应交增值税（营改增抵减的销项税额）”科目，贷记“主营业务成本”等科目。

苏州 A 试点物流企业 2013 年 9 月为生产企业甲公司提供运输服务，甲公司支付 A 公司 1110 万元（含税）。A 公司将承揽甲公司的省外段的运输业务分包给非试点地区货物运输企业J公司，按联运协议A公司支付J公司500万元运输费用，取得J公司开出的运输发票。

A公司差额纳税会计处理

其一，A公司为甲公司提供应税服务。

借：应收账款——甲公司 11100000

　　贷：主营业务收入 10000000

　　　　应交税费——应交增值税（销项税额） 1100000

其二，A公司接受J公司提供的分段运输服务。

借：主营业务成本 4504504.50

　　应交税费——应交增值税（营改增抵减的销项税额）

　　495495.50

　　贷：应付账款——B公司 5000000

第二，小规模纳税人的会计处理。

小规模纳税人提供应税服务，试点期间按照营业税改征增值税有关规定允许从销售额中扣除其支付给非试点纳税人价款的，按规定扣减销售额而减少的应交增值税应直接冲减“应交税费——应交增值税”科目。

企业接受应税服务时，按规定允许扣减销售额而减少的应交增值税，借记“应交税费——应交增值税”科目，按实际支付或应付的金额与上述增值税额的差额，借记“主营业务成本”等科目，按实际支付或应付的金额，贷记“银行存款”“应付账款”等科目。

对于期末一次性进行账务处理的企业，按规定当期允许扣减销售额而减少的应交增值税，借记“应交税费——应交增值税”科目，贷记“主营业务成本”等科目。

无锡某国际货运代理企业D公司（小规模纳税人）2012年7月为生产企业甲公司提供国际货物代理服务，甲公司支付给D公司代理费5万元，同时D公司支付试点地区E公司运输费用1万元，取得运输发票。

D 公司差额纳税会计处理：

其一，D 公司为甲公司提供应税服务。

借：银行存款　　50000

　　贷：主营业务收入　　48543.69

　　　　应交税费——应交增值税　　1456.31

其二，D 公司接受 E 公司提供的服务。

借：主营业务成本　　10000

　　应交税费——应交增值税　　291.26

　　贷：应付账款——E 公司　　9708.74

◎ 取得过渡性财政扶持资金的会计处理

试点纳税人在营改增期间因实际税负增加而向财政部门申请取得扶持资金的，期末有确凿证据表明企业能够符合财政扶持政策规定的相关条件且预计能够收到财政扶持资金时，按应收的金额，借记“其他应收款——应收补贴款”等科目，贷记“营业外收入”科目。待实际收到财政扶持资金时，按实际收到的金额，借记“银行存款”等科目，贷记“其他应收款——应收补贴款”等科目。

◎ 营改增后，会计核算需要注意的细节

随着营改增全面铺开，企业的财务核算也会随之发生变化。我们就此进行分析，给大家提供具有更广泛应用价值的参考。

第一，进项税额。

企业购入货物，或接受应税劳务和应税服务而支付的、准予从销项税额中抵扣的增值税额。企业购入货物或接受应税劳务和应税服务支付的进项税额用蓝字登记。

购进办公电脑3000元，增值税额为510元。相关会计处理：

借：固定资产　3000

　应交税费——应交增值税（进项税额）　510

　贷：银行存款　3510

第二，减免税款。

“减免税款”专栏记录该企业按规定抵减的增值税应纳税额。初次购买增值税税控系统专用设备支付的费用以及缴纳的技术维护费，允许在增值税应纳税额中全额抵减的，应在“应交税费——应交增值税”科目下增设“减免税款”专栏，用于记录该企业按规定抵减的增值税应纳税额。

2016年5月，上海N房地产开发公司首次购入增值税税控系统设备，支付价款共计2000元，同时支付当年增值税税控系统专用设备技术维护费500元。当月两项合计抵减当月增值税应纳税额2500元。

其一，首次购入增值税税控系统专用设备的会计处理：

借：固定资产——税控设备　2000

　贷：银行存款　2000

其二，发生防伪税控系统专用设备技术维护费的会计处理：

借：管理费用　500

　贷：银行存款　500

其三，抵减当月增值税应纳税额

借：应交税费——应交增值税（减免税款）　2500

　贷：管理费用　500

　　递延收益　2000

其四，以后各月计提折旧时（按3年，残值10%举例）的会计处理：

借：管理费用　50

　贷：累计折旧　50

借：递延收益　50

贷：管理费用　　50

第三，已交税费。

“已交税费”专栏记录企业已缴纳的增值税额用蓝字登记。当月上交上月应交未交的增值税时，借记“应交税费——未交增值税”科目，贷记“银行存款”。

某公司每月预缴一次增值税，每次预缴2万元。相关会计处理：

借：应交税费——应交增值税（已交税费）　　20000

贷：银行存款　　20000

第四，转出未交增值税。

“转出未交增值税”专栏记录企业月末转出应交未交的增值税。企业转出当月发生的应交未交的增值税额用蓝字登记。

某公司增值税账户贷方的销项税额为3万元，借方的进项税额为1.7万元，月末会计处理：

借：应交税费——应交增值税（转出未交增值税）　　13000

贷：应交税费——未交增值税　　13000

第五，销项税额。

“销项税额”专栏记录企业销售不动产或提供应税服务应收取的增值税额。企业销售不动产或提供应税服务应收取的销项税额用蓝字登记；发生销售退回或按照税法规定允许扣减的增值税额应冲减销项税额，用红字或负数登记。

某公司原销售的不含税价值为1万元、成本8000元、销项税额为1700元的货物被退回，假设已经按税法规定开具了红字增值税专用发票，退回时的会计处理：

借：主营业务收入　　10000

应交税费——应交增值税（销项税额）　　1700

贷：银行存款　　11700

冲减成本会计处理：

借：库存商品　　　　　　　　　　　　　　　　　　8000

　　贷：主营业务成本　　　　　　　　　　　　　　　　8000

第六，进项税额转出。

“进项税额转出”专栏记录由于各类原因而不应从销项税额中抵扣，按规定转出的进项税额。

2016 年 5 月，北京 H 餐饮企业向农业生产者购进免税苹果一批，支付收购价 30 万元，支付运费 5 万元，取得合法票据。月底将购进的 20% 的苹果发放给员工当福利。增值税进项转出额为（300000 × 13% + 50000 × 11%）×20% =8900（元）。

相关会计处理：

借：应付职工薪酬——应付福利费　　　　　　　　　8900

　　贷：应交税费——应交增值税（进项税额转出）　　　8900

第七，转出多交增值税。

“转出多交增值税”专栏记录企业月末转出多交的增值税。企业转出当月发生的多交的增值税额用蓝字登记。

2016 年 5 月，增值税账户贷方销项税额为 1 万元，借方的进项税额为 8000 元，已交税费为 9000 元。月末会计处理：

借：应交税费——未交增值税　　　　　　　　　　　7000

　　贷：应交税费——应交增值税（转出多交增值税）　　7000

第八，未交增值税。

“未交增值税”明细科目核算企业月末转入的应交未交增值税额，转入多交的增值税也在本明细科目核算。

借：应交税费——应交增值税（转出未交增值税）

　　贷：应交增值税——未交增值税

第九，待抵扣进项税额。

“待抵扣进项税额”明细科目核算企业按税法规定不符合抵扣条件，暂不予在本期申报抵扣的进项税额。

2016年5月，北京H企业购进一批办公电脑，取得增值税专用发票价款3万元，增值税额0.51万元。当月处于一般纳税人辅导期内。

购入时会计处理：

借：固定资产　30000

　　应交税费——待抵扣进项税额　5100

　　贷：银行存款　35100

次月允许抵扣时会计处理：

借：应交税费——应交增值税（进项税额）　5100

　　贷：应交税费——待抵扣进项税额　5100

第十，增值税留抵税额。

“增值税留抵税额”明细科目核算一般纳税人试点当月按照规定，不得从应税服务的销项税额中抵扣的月初增值税留抵税额。

其一，期初会计处理：

借：应交税费——增值税留抵税额

　　贷：应交税费——应交增值税（进项税额转出）

其二，待以后期间允许抵扣时，按允许抵扣的金额会计处理：

借：应交税费——应交增值税（进项税额）

　　贷：应交税费——增值税留抵税额

第十一，取得过渡性财政扶持资金。

企业营改增转换期间，实际税负增加的，将有可能向财税部门申请取得财政扶持资金。期末有确凿证据表明企业能够符合财政扶持政策规定的相关条件，且预计能够收到财政扶持资金时，按应收的金额确认营业外收入。

其一，确认可以收到时的会计处理：

借：其他应收款

贷：营业外收入

其二，实际收到时的会计处理：

借：银行存款

贷：其他应收款

第十二，适用简易办法征收的会计核算。

一般纳税人提供适用简易计税方法应税服务的会计处理：

借：银行存款、应收账款、应收票据等

贷：主营业务收入、其他业务收入

应交税费——未交增值税

一般纳税人提供适用简易计税方法应税服务，发生视同提供应税服务应缴纳的增值税额的会计处理：

借：营业外支出、销售费用等

贷：应交税费——未交增值税

【案例分析】

大连金宸集团有限公司亲历营改增，从忐忑不安到收获惊喜

大连金宸集团有限公司于 2016 年 5 月 1 日顺利完成了营改增，公司财务总监田德全开具了增值税发票。

最初，田德全他们听到营改增的消息十分忐忑。集团业务范围广、涉及内容多，政策、核算、发票和纳税申报等将发生一系列变化，他们完全不知如何应对。就在这时，国税局人员及时上门辅导，送上政策规定，并为公司量身定制专属服务，让大家的心里越来越有底。以落户工作为例，公司按照预约好的时间，在国税局办税服务厅的营改增专设工作区里享受到 VIP 的服务，税务人员一对一地指导公司财务人员完成了集团下设建筑安装业、房地产开发业和物业管理三个行业的落户工作。

田德全是负责财务工作的，每当税法发生变动时，他都要算一算企业的细账。经过他的测算，这次营改增真的给企业带来了红利。该集团的主要业务是房地产业、建筑业和物业管理，营改增后税率降幅分别达到了4.76%、2.91%和40%。以2015年上述业务的营业收入测算，这三项业务预计将分别减少税款约100万元、20万元和10多万元。而对于公司的新项目，以金宸联郡为例，经田德全测算约有62%的成本费用可以抵扣。若按照销售额10亿元计算，则可少缴税款1000多万元，数字十分可观。集团董事长邹建民谈起这次营改增，感到非常振奋，说无论从扩大的范围还是减税的力度来看，国家都把改革的红利真正送给了企业。

虽然营改增推开时间还不长，但田德全作为公司财务总监很早就开始关注和研究增值税。对于不同项目，由于增值额不同，税款的调整幅度也可能不同。他认为，这更体现了增值税的公平原则，更多的红利也将随着时间的推移得到体现。这次营改增，允许企业购买的不动产进项税在2年内抵扣，也是一项重大利好。它推动企业增加投资，购买不动产。这将推动房地产业的发展。按照当前政策规定，集团的房地产开发新项目，按3%税率预缴增值税。由于土地价值能够在收入中抵扣，早期进项税较大，也就意味着暂时不形成税款。这将有效缓解房地产开发企业预售期缴纳税费造成的现金周转困难，激发企业的活力，提升市场竞争力。

大连金宸集团有限公司财务人员，包括财务总监田德全在内，从最初的忐忑不安到现在的信心满满，代表了众多营改增企业当下正在经历的心路历程。税制改革使该公司有了更为广阔的发展前景。在田德全看来，会有无数个如金宸集团一样的实干企业，在税制改革的浪潮中减负飞翔，把税收红利转变为企业持续发展壮大的新动力。

（案例来源：根据“酷饭网”2016年5月26日《纳税人亲历营改增：从忐忑不安到收获惊喜》改写）

第二章

交通运输行业营改增实务操作

国家从 2012 年 1 月 1 日起，在上海交通运输业和部分现代服务业开展营业税改征增值税试点。从 2014 年 1 月 1 日起，将铁路运输和邮政服务业纳入营业税改征增值税试点，至此，交通运输业已全部纳入营改增范围。本章介绍交通运输行业营改增试点新政变化、交通运输行业营改增后的税负、交通运输企业营改增后货运发票如何开、交通运输业如何应对营改增 4 个方面的内容。

第一节　交通运输行业营改增试点新政变化

交通运输业是营改增改革的最早试点行业。选择交通运输业试点主要是考虑了以下两方面的原因：一是交通运输业与生产流通联系紧密，在生产性服务业中占有重要地位；二是运输费用属于现行增值税进项税额抵扣范围，运费发票已纳入增值税管理体系，改革的基础较好。交通运输行业营改增试点至今已经有 4 年多的时间，那么新的政策有哪些变化呢?

◎ 对交通运输行业采取的优惠政策

第一，延续了部分营业税优惠政策。

按照试点方案确定的“国家给予试点行业的原营业税优惠政策可以延续”的原则，现行营改增相关政策明确了部分涉及试点地区和试点应税服务的原营业税优惠政策的延续办法。一是对注册在洋山保税港区内试点纳税人提供的国内货物运输、仓储和装卸搬运服务实行增值税即征即退政策；二是对注册在天津东疆保税港区内纳税人提供的国内货物运输、仓储和装卸搬运服务实行增值税即征即退政策；三是自地区试点实施之日起至 2013 年 12 月 31 日，对注册在中国服务外包示范城市的试点纳税人从事离岸服务外包业务时提供的应税服务免征增值税；对注册在平潭的试点纳税人从事离岸服务外包业务时提供的应税服务免征增值税。

第二，国际运输和港澳台运输适用增值税零税率。

中华人民共和国境内的单位和个人提供的国际运输服务，适用增值税零税率；境内的单位和个人提供的往返中国香港、澳门、台湾的交通运输服务以及在中国香港、澳门、台湾提供的交通运输服务，适用增值税零税率。

第三，部分业务可选择简易计税法缴纳增值税。

试点纳税人中的一般纳税人提供的公共交通运输服务，可以选择按照简易计税方法计算缴纳增值税。公共交通运输服务包括轮客渡、公交客运、轨道交通（含地铁、城市轻轨）、出租车、长途客运、班车。其中，班车是指按固定路线、固定时间运营并在固定站点停靠的运送旅客的陆路运输方式。

试点纳税人中的一般纳税人，以该地区试点实施之日前购进或者自制的有形动产为标的物提供的经营租赁服务，试点期间可以选择适用简易计税方法计算缴纳增值税。

◎《通知》对交通运输行业试点做的政策调整

《通知》指的是国家财税部门出台的文件《关于在全国开展交通运输业和部分现代服务业营业税改征增值税试点税收政策的通知》的简称。为做好全国范围内交通运输业和部分现代服务业营改增试点工作，该文件对现行试点政策进行了整合、调整。涉及交通运输行业的政策调整主要包括：

第一，取消了部分差额征税政策，营改增在全国范围推开后，解决同一行业纳税人之间业务分包重复征税问题的差额征税政策已由增值税抵扣机制替代，因此，《通知》取消了纳税人提供交通运输服务、仓储服务、国际货物运输代理的差额征税政策。

第二，取消了按运输费用结算单据等计算进项税的政策。考虑到按运输费用结算单据等计算进项税的方式实质上是一种虚拟抵扣政策，在执行中也存在较大的漏洞，且交通运输业在全国实施营改增后，提供交通运输服务的纳税人均可开具增值税专用发票，无须延续上述虚拟抵扣政策。因此，《通知》取消了试点纳税人和原增值税纳税人，按交通运输费用结算单据注明金额和7%扣除率计算进项税的政策；取消试点纳税人接受试点小规模纳税人提供交通运输服务时，按增值税专项发票注明金额和7%扣除率计算进项税的政策。

第三，取消了允许未与我国达成双边运输免税安排国家和地区的单位和个人暂按3%征收率代扣代缴增值税的政策，上述单位和个人应按提供应税服务的适用税率代扣代缴增值税。

第四，取消了不允许试点纳税人和原增值税纳税人抵扣其自用应征消费税摩托车、汽车、游艇进项税的政策。

第五，试点纳税人对外提供服务既适用增值税免税又适用增值税零税率时，《通知》明确了优先适用增值税零税率。

第二节 交通运输行业营改增后的税负

交通运输业营改增试点已在全国推行，营改增后部分交通运输企业的综合税负不降反增，对这类企业进行财政扶持十分必要。下面分析营改增前后交通运输企业的税负，并引入衡量企业税改前后税负水平的“综合税负”概念进行实例分析。

◎ 影响交通运输企业税负的因素分析

我国出台营改增方案的初衷是试点行业总体税负不增加或略有下降，基本消除重复征税。营改增实施后，交通运输行业缴纳的流转税由营业税改为增值税，虽然消除了重复征税，但并没有完全实现税负降低的目标，不少交通运输企业的税负反而增加了，主要原因如下：

第一，增值税税率设计得较高。

交通运输企业原来适用的营业税税率为3%，改征增值税后一般纳税人的税率为11%，如要保持税负不变或下降，抵扣水平至少要达到8%，而目前交通运输企业普遍存在抵扣税不足的问题。

第二，进项税抵扣不足。

一是交通运输企业的成本结构中，人力成本、房屋（库房）租赁成本、路桥费保险费等占有的比重较大，这些成本按税法规定是不能抵扣的。

二是由于交通运输企业大部分运输设备是在营改增前采购完成的，这部分固定资产进项税额已经无法抵扣。

三是由于交通运输企业通常会在运输途中加油或修理，一般难以取得增值税专用发票：小型加油站或修理厂可能没有开具增值税专用发票的资格；司机嫌开发票手续繁杂等而没有取得专用发票；多数装卸搬运队是实行松散管理的，无法提供增值税专用发票。

第三，试点企业综合税负的变化。

一是营改增后对企业负担的城建税及教育费附加的影响。

二是营改增后外购物料所含进项税和缴纳增值税不能在税前扣除等原因对企业所得税造成的影响。

三是营改增后交通运输收入所含销项税不作为应税收入而对企业所得税造成的影响。

◎ 交通运输企业营改增前后税负实例分析

这里以几个交通运输企业（含增值税小规模纳税人和一般纳税人）为例，进行税改前后的综合税负比较分析。

甲运输公司为增值税小规模纳税人，甲公司向乙公司提供运输劳务，2013 年 8 月取得收入 103 万元（含税）。除税费外，假设甲公司税改前后允许所得税前扣除的成本费用不变。

税改前甲公司应缴纳税款：按照 3% 征收率应纳营业税 = 1030000 × 3% = 30900（元），应纳城建税和教育费附加 = 30900 ×（7% + 3%）= 3090（元），由于营业税、城建税及教育费附加允许税前扣除而影响（减少）企业所得税 =（30900 + 3090）× 25% = 8497.5（元），应纳税额总计 = 30900 + 3090 − 8497.5 = 25492.5（元）。

税改后甲公司应缴纳税款：按照 3% 征收率应纳增值税 = 1030000 ÷（1 + 3%）× 3% = 30000（元），应纳城建税和教育费附加 = 30000 ×（7% +

3%）=3000（元），由于城建税及教育费附加税前扣除而影响（减少）企业所得税 =3000×25% =750（元），由于运输收入所含销项税不作为应税收入而影响（减少）企业所得税 =［1030000 －1030000÷（1 +3%）］×25% =7500（元），影响（减少）企业所得税合计数 =7500 +750 =8250（元），应纳税额总计 =30000 +3000 －8250 =24750（元）。

如果只对比营业税税额和增值税税额，甲公司纳入试点后应纳税额减少 900（30900 －30000）元，但综合考虑所有受影响的相关税种，甲公司纳入试点后综合税额减少 742.5（25492.5 －24750）元。

丙运输公司为试点增值税一般纳税人，丙公司向丁公司提供运输劳务，2013 年 8 月取得收入 111 万元（含税），外购汽油、物料等 40 万元（不含税），均取得增值税专用发票。除税费外，假设丙公司税改前后允许所得税前扣除的成本费用不变。

税改前丙公司应缴纳税款：按照 3% 的税率应纳营业税 =1110000×3% =33300（元），应纳城建税和教育费附加 =33300×（7% +3%）=3330（元），由于营业税、城建税及教育费附加允许税前扣除而影响（减少）企业所得税 =（33300 +3330）×25% =9157.5（元），由于外购物料所含进项税允许税前扣除而影响（减少）企业所得税 =400000×17% ×25% =17000（元），影响（减少）企业所得税合计数 =9157.5 +17000 =26157.5（元），应纳税额总计 =33300 +3330 －26157.5 =10442.5（元）。

税改后丙公司应缴纳税款：应纳增值税 =1110000÷（1 +11%）×11% －400000×17% =42000（元），应纳城建税和教育费附加 =42000×（7% +3%）=4200（元），由于城建税及教育费附加允许税前扣除而影响（减少）企业所得税 =4200×25% =1050（元），由于运输收入所含销项税不作为应税收入而影响（减少）企业所得税 =［1110000 －1110000÷（1 +11%）］×25% =27500（元），影响（减少）企业所得税合计数 =27500 +1050 =28550（元），应纳税影响额总计 =42000 +4200 －28550 =17650（元）。

如果只对比营业税税额和增值税税额，丙公司纳入试点后应纳税额增加 8700（42000 - 33300）元，但综合考虑所有受影响的相关税种，丙公司纳入试点后综合税额增加 7207.5（17650 - 10442.5）元。

根据上述案例计算过程，可推导出“综合税额计算公式”，以便分析企业税改前后综合税负的变化情况。

第一，小规模纳税人（城建税率 7%、教育费附加 3%）。

税改前综合税负影响额 = 营业税 + 城建税及教育附加 - 企业所得税减少额 = 含税销售额 × 营业税税率 + 含税销售额 × 营业税税率 × 10% - 含税营业额 × 营业税税率 ×25% - 含税营业额 × 营业税税率 × 10% ×25%。

税改后综合税负影响额 = 增值税 + 城建税及教育附加 - 企业所得税减少额 = 含税营业额 ÷（1 + 征收率）× 征收率 + 含税营业额 ÷（1 + 征收率）× 征收率 ×10% -［含税营业额 - 含税营业额 ÷（1 + 征收率）］×25% - 含税营业额 ÷（1 + 征收率）× 征收率 ×10% ×25%。

第二，一般纳税人（城建税率 7%、教育费附加 3%）。

税改前综合税负影响额 = 营业税 + 城建税及教育费附加 - 企业所得税减少额 = 营业税 + 营业税 ×10% - 购进负担进项税额 ×25% - 营业税 × 25% - 城建税及教育费附加 ×25% = 含税营业额 × 营业税税率 + 含税营业额 × 营业税税率 ×10% - 购进负担进项税额 ×25% - 含税营业额 × 营业税税率 ×25% - 含税营业额 × 营业税税率 ×10% ×25%。

税改后综合税负影响额 = 增值税 + 城建税及教育附加 - 企业所得税减少额 = 增值税 + 增值税 ×10% -（含税营业额 - 不含税营业额）×25% - 增值税 ×10% ×25% =［含税营业额 ÷（1 + 增值税税率）× 增值税税率 - 购进负担进项税］+［含税营业额 ÷（1 + 增值税税率）× 增值税税率 - 购进负担进项税］×10% -［含税营业额 - 含税营业额 ÷（1 + 增值税税率）］×25% -［含税营业额 ÷（1 + 增值税税率）× 增值税税率 - 购进负担进项税］× 10% ×25%。

第三节　交通运输企业营改增后货运发票如何开

自2013年8月1日起，交通运输业和部分现代服务业营改增试点在全国范围内推开，货运发票开具等问题成为试点纳税人咨询的热点。相关税收文件有《国家税务总局关于铁路运输和邮政业营业税改征增值税发票及税控系统使用问题的公告》（国家税务总局公告2013年第76号）和《国家税务总局关于在全国开展营业税改征增值税试点有关征收管理问题的公告》（国家税务总局公告2013年第39号）。本节对咨询较集中的问题进行梳通，以帮助纳税人理解相关规定。

◎ 提供铁路运输服务的增值税一般纳税人应该使用什么发票?

国家税务总局公告2013年第76号第一条第（一）项规定，增值税一般纳税人提供铁路运输服务的，使用货物运输业增值税专用发票（以下简称货运专票）和普通发票；提供邮政服务的，使用增值税专用发票和普通发票。

一般纳税人提供铁路运输服务开具货运专票后，发现开票有误且不符合发票作废条件该怎么处理?

国家税务总局公告2013年第76号第三条第（一）项规定，一般纳税人提供铁路运输服务开具货运专票后，因开票有误且不符合发票作废条件，需要开具红字货运专票的，如同时符合下列条件，可不再向主管税务机关填报《开具红字货物运输业增值税专用发票申请单》，直接在货运专票税控系统中以销项负数开具红字货运专票。开具红字货运专票时应将对应的蓝字发票代码、号码打印在发票备注栏中。

实际受票方拒收或者承运人尚未将货运专票交付实际受票方；发票联次齐全，实际受票方未认证发票。

除上述情形外，一般纳税人应按照国家税务总局公告2013年第39号第四条第（四）项规定的流程开具红字货运专票，并将《开具红字货物运输业增值税专用发票通知单》编号打印在发票备注栏中，不需打印对应的蓝字发票代码、号码。

国家税务总局公告2013年第39号第四条第（四）项规定，提供货物运输服务，开具货运专票后，因发生应税服务中止、折让、开票有误以及发票抵扣联、发票联均无法认证等情形，且不符合发票作废条件，需要开具红字货运专票的，实际受票方或承运人可向主管税务机关填报《开具红字货物运输业增值税专用发票申请单》，经主管税务机关核对并出具《开具红字货物运输业增值税专用发票通知单》（以下简称《通知单》）。实际受票方应暂依《通知单》所列增值税税额从当期进项税额中转出，未抵扣增值税进项税额的可列入当期进项税额，待取得承运人开具的红字货运专票后，与留存的《通知单》一并作为记账凭证。认证结果为“无法认证”“纳税人识别号认证不符”“发票代码、号码认证不符”以及所购服务不属于增值税扣税项目范围的，不列入进项税额，不作进项税额转出。承运人可凭《通知单》在货运专票税控系统中以销项负数开具红字货运专票。《通知单》暂不通过系统开具，但其他事项按照现行红字专用发票的有关规定执行。

◎ 小规模纳税人提供货物运输服务能否开具货运专票？

国家税务总局公告2013年第39号第一条第（一）项规定，小规模纳税人提供货物运输服务，服务接受方索取货运专票的，可向主管税务机关申请代开，填写《代开货物运输业增值税专用发票缴纳税款申报单》。主管税务机关按照代开专用发票的有关规定代开货运专票。

◎ 营改增试点地区纳税人在试点前提供货运服务并开具发票后，发生服务中止、折让、开票有误等情形的，如何处理？

国家税务总局公告2013年第39号第一条第（四）项规定，纳税人于地区试点实施之日前提供改征增值税的营业税应税服务并开具营业税发票后，如发生服务中止、折让、开票有误等情形，且不符合发票作废条件的，应于2014年3月31日前向原主管税务机关申请开具营业税红字发票，不得开具红字专用发票和红字货运专票。需重新开具发票的，应于2014年3月31日前向原主管税务机关申请开具营业税发票，不得开具专用发票或货运专票。

◎ 营改增试点地区一般纳税人开具货物运输业增值税专用发票时，发票票面各栏目如何填写？

国家税务总局公告2013年第39号第四条第（二）项规定，货运专票中“承运人及纳税人识别号”栏填写提供货物运输服务、开具货运专票的一般纳税人信息；“实际受票方及纳税人识别号”栏填写实际负担运输费用、抵扣进项税额的一般纳税人信息；“费用项目及金额”栏填写应税货物运输服务明细项目及不含增值税的销售额；“合计金额”栏填写应税货物运输服务项目不含增值税的销售额合计；“税率”栏填写增值税税率；“税额”栏填写按照应税货物运输服务项目不含增值税的销售额和适用税率计算得出的增值税额；“价税合计（大写）、（小写）”栏填写不含增值税的销售额和增值税额的合计；“机器编号”栏填写货运专票税控系统税控盘编号。

◎ 一般纳税人提供免税项目能否使用货运专用发票？

国家税务总局公告2013年第39号第四条第（一）项规定，一般纳税人提供应税货物运输服务，使用货运专票；提供其他增值税应税项目、免税项目或非增值税应税项目，不得使用货运专票。

◎ 提供铁路运输服务的纳税人有两个以上开票点的，能否携带空白发票在开票点所在地开具？

国家税务总局公告2013年第76号第一条第（三）项规定，提供铁路运输服务的纳税人有2个以上开票点且分布在不同省（自治区、直辖市）的，可以携带空白发票在开票点所在地开具。

◎ 试点地区纳税人能否继续使用公路、内河货物运输业统一发票？

国家税务总局公告2013年第39号第一条第（一）项规定，自本地区营改增试点实施之日起，增值税纳税人不得开具公路、内河货物运输业统一发票。

◎ 货运专票的认证、稽核结果类型有哪些？

国家税务总局公告2013年第39号第五条第（二）项规定，货运专票的认证结果类型包括“认证相符”“无法认证”“认证不符”“密文有误”和“重复认证”等类型（暂无失控发票类型），稽核结果类型包括“相符”“不符”“缺联”“重号”“属于作废”和“滞留”等类型。认证、稽核异常货运专票的处理按照专用发票的有关规定执行。

第四节　交通运输业如何应对营改增

《财政部国家税务总局关于在全国开展交通运输业和部分现代服务业营业税改征增值税试点税收政策的通知》（财税〔2013〕37 号）规定：自 2013 年 8 月 1 日起，在全国范围内推行交通运输业和部分现代服务业营改增试点。这就意味着，交通运输业将退出营业税阵营而加盟到增值税阵营。当然，这种转换的代价是巨大的，最主要的就是适用税率从 3% 攀升至 11%。虽然其中包含税款计算方式等不可比性因素，但营改增后，交通运输业税收负担增加却是显然的，而且，上海、北京、江苏等地的试点也都证明了这一点。那么，面对税收负担的增加，交通运输业该如何应对呢？最理性的选择就是做好纳税筹划。

◎ 一般纳税人与小规模纳税人的选择

按照试点政策的规定，营改增后，交通运输业的纳税人分为两类：一类是一般纳税人，另一类是小规模纳税人。一般纳税人适用 11% 的税率，按照一般计税方法计税，即当期的销项税额抵扣当期进项税额后的余额就是应纳税额。一般纳税人购进商品的进项税额可以抵扣，销售商品时可以使用增值税专用发票。小规模纳税人按照 3% 征税，适用简易计税方法计税，应纳税额为不含税的销售收入与征收率的乘积，购进商品的进项税额不得抵扣，在销售商品中也不能使用增值税专用发票。这就意味着两类纳税人的税收负担存在较大的差别。

对于是申请认定为一般纳税人还是选择成为小规模纳税人，可以采用进项税额扣除率平衡点进行判断。

如果选择成为小规模纳税人，则适用3%的征收率，因而有下列等式成立：应纳税额=不含税销售额×3%=含税销售额÷(1+3%)×3%。

申请认定为增值税一般纳税人，则适用11%的税率，因而有下列等式成立：应纳税额=销项税额-进项税额=不含税销售额×11%-进项税额=含税销售额÷(1+11%)×11%-进项税额。

假设两者相等，则有：进项税额=不含税销售额×8%=含税销售额×7%。

鉴于进项税额除以销售额就是进项税额的抵扣率，因而上述公式实际上的含义即为：当交通运输业按照不含税（或含税）销售额计算确定的实际进项税额抵扣率大于8%（或7%）时，小规模纳税人的税负水平高于一般纳税人的税负水平，因而，企业应当申请认定为一般纳税人；相反，当交通运输业按照不含税（或含税）销售额计算确定的实际进项税额抵扣率小于8%（或7%）时，一般纳税人的税负水平高于小规模纳税人，企业应当选择成为小规模纳税人。

但必须强调的是，按照试点政策的规定，在营改增试点前，纳税人年应税服务销售额满500万元的都应当申请认定为增值税一般纳税人。而且，除国家税务总局另有规定外，一经认定为一般纳税人后，不得转为小规模纳税人。因此，对于营改增试点之前就已经存在且销售额超过500万元的交通运输业纳税人来说，在增值税纳税人选择筹划方面的空间是非常小的。只有试点后新设立的交通运输业纳税人以及试点前规模较小可以选择申请认定为一般纳税人的交通运输业纳税人才可以实施选择筹划。

◎ 公共交通服务业的筹划与操作

按照营改增试点政策的规定，试点纳税人中的一般纳税人提供的公共交通运输服务，可以选择按照简易计税方法计算缴纳增值税，即按照不含税销售额和征收率3%计算缴纳增值税。公共交通运输服务包括轮客渡、公交客运、轨道交通（含地铁、城市轻轨）、出租车、长途客运、班车。

在营业税制下，公共交通运输服务需要按照销售收入全额和3%的税率计算缴纳营业税。而营改增之后，则首先需要将含税的收入额转换为不含税的收入额，再乘以3%的征收率。由于含税收入始终大于不含税收入，因而，营改增之后，公共交通运输服务业的税收负担不增反降，这对于公共交通服务企业来说无疑是个好消息。但目前，交通运输企业显然被这种好消息冲昏了头脑，面对这样的政策，几乎不假思索地就选择了适用简易征收办法计缴增值税。而实际上，选择适用简易办法计算缴纳增值税并不符合纳税筹划的原则。为了说明此问题，不妨看一个案例。

江苏某公交运输企业成立于1998年，主要从事公共客运交通运输业务，年运输收入30亿元。企业现有运输车辆中，60%左右的车辆购于2002年底至2004年，只有40%左右的车辆购于2008年之后。2012年10月，江苏试点营改增。按照财税〔2011〕111号文的规定，纳税人从事公共交通运输服务（包括轮客渡、公交客运、轨道交通、出租车）的，可以选择按照简易办法纳税。另外，经过测算，营改增后的五年内，公司的车辆等购置费用将达60亿元左右，五年内的油料等物耗将达40亿元。试问：企业应该选择低税率还是选择适用高税率？

如果选择适用3%的税率按照简易办法征税，则五年内应当缴纳的税款为：$30\times5\div(1+3\%)\times3\%=4.37$（亿元）。

但是如果选择成为一般纳税人，按照一般方法纳税，则五年内应当缴纳的增值税为：$30\times5\div(1+11\%)\times11\%-[(60+40)\div(1+17\%)\times17\%]=14.86-14.53=0.33$（亿元）。

很显然，对于上述企业来说，选择适用简易办法纳税比选择按照一般方法纳税要承担更多的增值税，并不是最好的选择。那么，这是否意味着该企业就可以直接申请认定为一般纳税人呢？不是。最佳的方法应当是：老企业继续存在，但新投资设立一个全新的子公司，并且主要的运输服务业务交由新公司负责。同时，老公司选择适用简易办法纳税，而新公司则选择申请认定为增值税一般纳税人，并适用一般方法纳税。如此，该企业就既可以享受营改增过渡政策的优惠，即简易办法征税优惠，又确保新企业可以享受进项抵扣的政策，可谓一举两得。

◎ 运输业务与物流辅助业务兼营的筹划

在营业税制下，交通运输业与装卸搬运等物流辅助业都是按照交通运输业税目，适用3%的税率计算纳税的。而且，出于所谓的纳税筹划需要，一些以运输代理业务为主的企业，为了规避代理业务缴纳5%的营业税问题，还常常将代理业务转换为联运业务，具体地讲就是购买一两部汽车，然后对外承接运输业务，再以自身运输能力有限为由，将运输业务分包给其他单位与个人。如此，本来按照5%全额征税的代理业务，也就转换为了按照3%差额征税的交通运输联运业务。

但是营改增将交通运输与物流辅助业分立为两个税目，而且适用不同的税率，其中交通运输业适用11%的税率，而装卸搬运、货物运输代理、仓储、货运客运场站服务等物流辅助业则适用6%的税率。

而且，试点政策还规定，试点纳税人兼有不同税率或者征收率的销售货物、提供加工修理修配劳务或者应税服务的，应当分别核算适用不同税率或征收率的销售额，未分别核算销售额的，从高确定适用税率或者征收率。这也就意味着，交通运输业在原营业税制下选择适用的所谓将代理转换为联运业务的筹划思路不但不能带来纳税筹划效益，反而会给企业增加税收负担。

因而，交通运输企业必须尽快调整纳税筹划思路：对大多数企业来说，必须加强会计核算，将运输业务收入与装卸搬运、货运代理、仓储等物流辅助业务收入予以分别核算，并且在许可的范围内，尽可能将税率较高的运输业务收入，合理、合法地转换为低税率的物流辅助业收入。对于一些长期以所谓联运业务从事货运代理业务的纳税人来说，则应当修改经营范围，把联运业务从经营范围中去除，进而从事单纯的货运代理业务，以免被税务机关从高征税。

◎ 经营模式与会计核算模式的调整

目前，交通运输企业普遍推行的是承包经营模式，在这种模式下，驾驶员个人承包公司车辆进行营运，并按照合同的规定向公司缴纳管理费。在会计核算上，公司通常只将客货运业务的开票金额确认为收入，甚至只将管理费部分确认为收入。对于承包人员个人支取的部分，通常都作为工资薪金或者承包费用处理，根本不需要承包人员提供相关的票据，更不会要求其提供合法有效的发票。

这样的经营与核算模式，在营业税制下并没有什么不妥，更不会增加企业的营业税负担。但是这种模式显然不适应营改增模式，因为在这种模式下，企业极少取得符合规定的发票。而在增值税下，作为一般纳税人的企业，其应纳税额是根据销售额和进项税额计算确定的，最显著的特征是凭票抵扣进项税额。如果纳税人未能取得符合规定和要求的进项税额抵扣凭证，那么就需要承担较高的增值税税负，多缴纳相当数额的增值税税款。因此，在营改增试点中，交通运输企业必须做好经营模式与会计核算模式的转变与调整。

当务之急就是要改变不要发票而按合同支取承包费的问题：其一，与中石油、中石化联系，办理统一的加油卡，并取得增值税专用发票，同时规定公司承包经营的车辆必须到中石油、中石化所属加油站加油，进而改变企业加油不能取得增值税专用发票的问题，以便提高增值税进项税额的抵扣。其二，与相关汽车修理、修配单位联系，选择最佳、最优的汽车修理单位，在确定价格的同时，与相关企业签订较长期限的合作合同，并要求驾驶人员在规定的汽车维修单位进行车辆的维修，如此，基本上可以解决目前车辆维修不能取得增值税专用发票的问题。

◎ 做好新增税收负担的转嫁筹划

从先期推行营改增试点地区的情况来看，营改增后，交通运输业的税收负担出现了较大幅度的增长，因而，为了解决纳税人实际税收负担增长较大等问题，各地都先后出台了财政补贴政策。财政补贴政策的主要内容就是：在营改增试点以后，按照试点政策规定缴纳的增值税比按照原营业税政策规定计算的营业税确实有所增加的试点企业均可以按照规定申请财政补贴。

因此，对于交通运输业纳税人来说，应当充分利用该过渡期财政补贴政策，认真做好营改增前后的税收测算比较，按照当地的政策申报资料，争取获取财政补贴，尽量化解营改增试点中所引发的税负增加风险。

【案例分析】

上海天恒货物运输公司在营改增后纳税负担的增减情况

上海天恒货物运输公司为生产企业大成公司提供运输劳务，大成公司共需支付天恒货物运输公司1110万元。天恒货物运输公司将承揽大成公司的部分运输业务分给非上海货物运输企业十方运输公司，天恒运输公司共需支付十方公司555万元运输费用（不考虑其他进项税额抵扣）。下面分析一下天恒货物运输公司在营改增之前、发布试点通知之后、发布全国改革通知之后的纳税负担增减情况。

第一，若上海天恒货物运输公司认定为一般纳税人。

税改前，该公司属于交通运输业，应缴纳营业税，税法规定，纳税人将承揽的运输业务分给其他单位或者个人的，以其取得的全部价款和价外费用扣除其支付给其他单位或者个人的运输费用后的余额为营业额，因此该公司应缴纳的营业税为：(1110－555)×3%＝16.65（万元）。

试点改革后，上海市属于试点范围，对于试点纳税人中的一般纳税人提供国际货物运输代理服务，按照国家有关营业税政策规定差额征收营业税的，其支付给试点纳税人的价款，也允许从其取得的全部价款和价外费用中扣除。因此，该公司应缴纳的增值税为：(1110－555)÷(1＋11%)×11%＝55（万元）。

全国试点通知中明示，之前发布的试点通知全部废止，全国的交通运输业都要缴纳增值税，因此若联运业务中支出的运输发票取得了增值税专用发票，则该公司应缴纳的增值税应为：1110÷(1＋11%)×11%－555÷(1＋11%)×11%＝55（万元）。

如果十方运输公司是小规模纳税人，或者该公司因为其他原因未取得增值税专用发票，则上海天恒货物运输公司应缴纳的增值税为：1110÷(1＋11%)×11%＝110（万元）。

第二，若上海天恒货物运输公司选择成为小规模纳税人。

税改前，该公司应缴纳的营业税为：(1110－555)×3%＝16.65（万元）。

试点改革后，该公司应缴纳的增值税为：(1110－555)÷(1＋3%)×3%＝16.2（万元）。

全国试点后，该公司应缴纳的增值税为：$1110 \div (1+3\%) \times 3\% = 32.33$（万元）。

由上面的计算结果我们可以清楚地看到，对于交通运输业的一般纳税人来讲，若发生联运业务，进行试点改革后，税收负担是增加的，8 月 1 日之后进行全国推广，一般纳税人的税收负担相对于改革前是增加的，相对于试点政策，总体依然是增加的。

对于交通运输业的小规模纳税人而言，进行试点改革后，若发生联运业务，税收负担是有所减轻的，但是幅度很小，而全国推广后，小规模纳税人的税收负担是大大上升的。

第三，营改增前后税负变化的原因。

通过上面的分析我们发现，营改增后，不但没有达到降低纳税人纳税负担的目的，反而造成了部分纳税人的税收负担加重，这显然是违背营改增的初衷的。那么，分析税负增加的原因以对营改增政策的完善做出指导是非常必要的。

总的来说，造成营改增后税收负担加重的原因主要有以下几个：

一是税率的变化。税率显著提高。对于一般纳税人来说，交通运输业税率由 3% 提高到 11%，即便销售额不含增值税，也就是说，实际税率为 $1 \div (1+11\%) \times 11\% = 9.91\%$，税率也依然增加了 6.91%；若认定为小规模纳税人，则税率变化不大。

二是可扣除项目。对于一般纳税人来讲，如果在经济往来中取得增值税的专用发票，是可以抵扣进项税额的，但是一旦合作方是小规模纳税人，不能取得增值税专用发票，就不能进行进项税额的抵扣。营改增前，联运业务的营业额可以扣除支付给联运方的运费，试点政策规定，试点纳税人支付给非试点纳税人的运费也可以扣除，而全国试点后，则没有了联运业务的可扣除项目。因此，对于小规模纳税人而言，即使取得增值税专用发票，联运业务的支出费用也是无法抵扣的。这就导致了小规模纳税人销售额的增加，进而增加了纳税负担。

三是可抵扣的进项税额。对交通运输业的增值税一般纳税人而言，可以抵扣的进项税额非常有限。交通运输业可抵扣的进项主要来源于交通工具的购置费用、维修费用、燃料费用等。而交通运输业是不会发生频繁的交通工具的购置的，而维修费用与燃油费用也是非常小额的支出，即便经常发生这两项费用，一般纳税人在加油站、修理厂取得的专用发票的可能性也很小。而交通运输业纳税人支出非常多的费用，如过路费、过桥费、折旧费、保险费等，又属于不能抵扣的进项。

第四，对交通运输业的建议与对策。

一是避免盲目认定为一般纳税人。营改增后，申请认定为一般纳税人的企业税率有大幅增加，而与增加的税率相抵消的就是大量进项税额的抵扣，因此，对于交通运输企业来讲，如果企业进项较多，可以申请认定一般纳税人以减轻税负。而对于进项较少的企业，申请认定一般纳税人则是较不可取的，小规模纳税人开展一般业务与缴纳营业税时比较，税率还是有所降低的。而对于联运业务较多的企业，若认定为一般纳税人，联运支付的运费则可作为进项税额抵扣，不失为减轻税负的一种方法。

二是注重对财税人员的培训。营改增政策 8 月 1 日起已在全国实施，因此，对于原非试点范围内的企业，尤其需要注重对相关财税人员的培训，要求财税人员既要掌握国家税务总局、财政部的相关政策，又要掌握改革之后会计核算的处理，只有建立健全完整科学的财务核算体系，才能使企业健康运行，才能使得营改增政策有序推行。同时，只有进行正确的核算，才能在工作实践中发现问题，进而有利于营改增政策的完善。

三是加强索要增值税专用发票意识。由于原营业税纳税人不需要索要增值税专用发票，所以在试点期间，发现很多实施营改增的企业索要增值税专用发票的意识不强，导致无法进行进项税额的抵扣，企业被迫多纳税。而一般纳税人与小规模纳税人在进行业务往来时，因通知明确规定

"小规模纳税人提供应税服务，接受方索取增值税专用发票的，可以向主管税务机关申请代开"，所以为减轻纳税负担，一般纳税人要尽量要求小规模纳税人代开增值税专用发票。

（案例来源：根据"论文网在线"2016年7月26日《运输业税率变化历程》改写）

| 第三章 |

制造行业营改增实务操作

新一轮营改增试点虽然不是针对制造业进行的，但是由于制造业上下游涉及的厂商比较多，流通环节也必然很多，几乎与各行各业都有交集。这样一来，税制改革也就或多或少地会对制造业的税负造成一定的影响。所以，制造业企业不仅要了解营改增对制造业的利好、减负受益点，以及营改增政策对制造业服务化发展的影响，更重要的是要做好税务筹划，以及了解商业往来中的注意事项。

第一节　营改增对制造业的影响

营改增对制造业的影响体现在三个方面：一是营改增给制造业带来的利好；二是营改增下的制造业企业减负受益点；三是营改增政策对制造业服务化发展的影响。下面我们一一分析。

◎ 营改增对制造业的利好

从相关数据来看，我国的现代制造业遇到了发展“瓶颈”。虽然制造企业生产产品本身就缴纳增值税，但是制造业企业在生产运营过程中会与文化企业、技术咨询类企业、交通运输类企业、物流企业发生业务往来，营业税改增值税表面上不涉及制造业，却与制造业有着紧密的联系，对制造业企业影响深远。

对于知名度较小的制造企业来说，营改增可以降低其广告与研发、技术支出，进一步提升成长期中小企业的发展速度；对于快速成长期的制造企业来说，产业制造必须需要运输，通过交通运输业改征增值税，避免了重复征税的现象，可以抵扣大量的进项税额；对于成长期的企业，研发支出可以大幅抵扣，也进一步降低了企业的成本。

营改增为自营出口企业带来了巨大的优惠。制造业必然涉及运输、研发、设计等服务，这些行业是率先试点营改增的行业。营改增之前这些服务在出口时仅能享受免税的待遇，而营改增后作为增值税应税服务，享受同等的出口零税率待遇，有助于自营制造出口企业减轻税务负担，提高出口货物的市场竞争力。通过对营改增的分析以及对营改增为制造业企业财务和利益带来的影响的研究分析，可以看出营改增对制造业还是有积极意义的，有利于中国制造走向世界。

营改增后制造业如何应对？面对营改增利好，制造业应做好以下几方面的工作：一是规范会计核算，加强财务管理采用先进的管理理论和经验，进一步加强内部控制和预算管理，提高制造企业财务管理水平。二是加大研发投入，以科技创新进一步加大研发投入和研发支出，依靠科技进步和创新实现制造业的现代化转变。三是加强税收筹划，合理利用税法规定的针对制造企业的税收优惠政策积极申请，支持制造业的更新发展。

◎ 营改增下的制造业企业减负受益点

2016 年 5 月 1 日全面推开营改增后，增值税抵扣链条进一步被打通。对制造业来说，税负和经营成本进一步降低。本轮营改增中，制造业企业可能涉及并可获取进项抵扣发票实现减负的主要受益点如表 3－1 所示。

表 3－1　营改增下制造业企业减负受益点

制造业企业可能涉及进项抵扣的主要项目	增值税税率（征收率）	备注
1. 改修、修缮各种建筑物的工程作业 2. 生产、运输等设备的装配、安置	11%（3%）	
1. 账户管理、电子银行、基金管理等金融收费 2. 人身、财产保险费	6%（3%）	贷款利息支出及相关费用的进项税额不可抵扣
1. 厂房、办公楼等租赁费 2. 总部管理、物业管理等服务 3. 车辆停放、过路费等道路通行服务 4. 法律代理等各类经纪代理服务 5. 劳务派遣、人才委托招聘、劳动力外包等服务 6. 安保服务	不动产租赁： 11%（5%） 其他： 6%（3%）	

续表

制造业企业可能涉及进项抵扣的主要项目	增值税税率（征收率）	备注
1. 职工培训等教育辅助服务 2. 承担的工伤医疗费用 3. 差旅行住宿费	6%（3%）	旅游娱乐、餐饮、福利性住宿、居民日常服务等的进项税额不可抵扣
1. 接受无形资产投资 2. 受让取得经营权、经销权、代理权、域名等	土地使用权：11%（5%） 其他：6%（3%）	
2016年5月1日后取得的不动产或不动产在建工程（取得方式包括：购买、自建、接受投资入股、捐赠、抵债等）	11%（5%）	进项税额分两年抵扣：第一年60%、第二年40%

由表3－1可见，企业可抵扣进项税额的项目增多，整体税负和经营成本将可进一步降低。

值得一提的是，本轮营改增将不动产进项税纳入抵扣范围，而几乎所有的企业都会涉及办公室、厂房等不动产的租或买，故实际上所有行业均受益于此。且企业的不动产投资规模通常较大，故取得的该项进项税额通常比较大，可以使企业减税幅度大大提高，个别企业甚至可能未来几年都不用缴纳增值税。

◎ 营改增政策对制造业服务化发展的影响

20世纪后期以来，随着科技信息技术的发展和普及，传统制造行业的发展日趋成熟，市场饱和导致传统制造行业在产品上获得的利润越来越少，这使得传统制造业企业将目光从产品转到服务上来，以期获得更高的利润。越来越多的企业由以生产为主渐渐转变为以服务为主，在市场经济中，产品的最终客户与产品制造企业的距离缩小，呈现出“服务化”的新趋向，研发设计、战略咨询、产品营销等专业化生产服务和中介服务所占的比例越来越高，由此形成了新的行业——“服务型制造业”。制造业服务化趋势已经成为传统制造业未来的发展出路之一。

在我国，服务型制造业的发展并不是一帆风顺的，种种因素制约着企业向服务型制造业转型。首先，受科学技术因素的制约，我国传统制造业的创新能力未能全面发展，现有研发信息化低，生产设备的智能化低，导致制造与服务的融合度和统一度不高，企业无法对变化中的市场需求制定出相应的符合客户需求的产品—服务配套方案。其次，相关服务业的发展水平低，无法提供与制造业水平相符的配套服务，阻碍了企业向服务型迈进的脚步。最后，还有一个重要问题不能忽视，由于服务型制造业企业兼具制造业和服务业的双重特性，我国现行税收制度在一定程度上制约了服务型制造业企业的利润获得，过重的税负延缓了企业的资本积累，影响了企业对于发展服务产业的决心，最终导致我国服务型制造业发展进程缓慢，转型不充分。

服务型制造业的企业特征在于投入服务化与业务服务化，在企业运营过程中，会与物流、技术、文化、鉴证等服务业产生密不可分的关系，并且随着服务在企业投入和产出中比重的增加，制造业与服务业的业务往来越来越多，这种关系会越来越紧密。营改增政策所惠及的交通运输业与六个现代服务业都与制造业关系紧密，服务业税收政策的变化必将影响到服务型制造业企业的发展。

具体来说，营改增对服务型制造业企业发展的影响主要体现在以下几个方面：

第一，避免重复征税，提升企业利润。

在营业税改革前，这类企业要同时负担流转税中的增值税和营业税，按照法律规定，增值税的征税对象为企业销售产品的销售额，而营业税的征税对象为企业的销售总额，也就是说，为实现产品的生产所购买的任何技术都要随着流转环节被征收营业税。企业生产的产品和提供的服务需要分别缴纳这两种税，从而形成产品和服务之间的重复征税。

而制造业服务化中的企业更是要面临这个问题，它们在出售产品的同时还要提供服务，按照法律要求，要将其中的产品与服务分离出来，分别计算其缴纳的税款，但在实际应用中，买方客户通常会选择产品与服务共同购买，对于卖方企业来讲，收到款项时就不能明确地划分出哪部分属于产品所得，哪部分属于服务所得，这样一来，在面临税款缴纳时就会产生税基不清的问题，由于营业税只以营业额作为计税依据，根据“从高征收”的原则，企业税负增加，利润随之减少。如 A 科技有限公司自产通信设备并将上述产品用于配套其他科技服务项目，向购买方收取一笔款项共计 5000 万元，但是并未就通信设备的销售额与服务劳务营业额进行分别核算，由于 A 科技有限公司未能分别核算，则应由主管国税机关与地税机关分别核定各自应征增值税的科技产品销售额和应征营业税的服务营业额，但在分配中由于主管税务机关考虑部门利益，往往各自核定数额偏高，比如实际产品的销售额是 3000 万元，劳务营业额为 2000 万元，但主管国税机关与地税机关却分别核定为 3300 万元和 2200 万元，从而出现 500 万元的“空中楼阁”，明显增加了纳税人的税赋。

营改增政策推行后，有效解决了现存的问题。对于销售额中营业额和增值额不分的问题，在试行营改增方案后，将原有营业税征收范围中的部分现代性服务业归到增值税范围中，适用增值税 6% 税率。而在服务型制造业中，对于产品增加值和服务所得统一合并计算为总销售额，解决企业所得额核算不清的现状，以服务型制造企业现存的混合销售行为出现某部分税种征收不明的问题，避免了重复征税，提高了企业的利润。

第二，助力服务部门发展，扩大企业规模。

服务型制造业企业发展的主要模式是业务流程外包，即企业之间将一些非核心服务业务外包给对方，自己企业内部的服务部门也可以承接企业之外的服务业务。在企业的各个经营环节，如生产、设计、销售、产品开发、信息、产品保养等，都有着可以进行外包的业务。

在营业税改征增值税之前，营业税针对服务业征收，且不能抵扣。企业单独提供的服务应缴纳营业税，税款无法抵扣。同时企业在将服务外包出去时，服务供应商所提供的营业税发票企业同样不能拿来抵扣，这致使企业税负增加，影响各个企业内部服务部门的发展，进而扭曲企业在竞争中的生产和投资决策，阻碍了制造业与服务业的融合。而营改增政策涉及6个现代性服务业，分别是研发与技术服务、信息技术服务、文化创意服务、物流辅助服务、鉴证咨询服务和有形动产租赁服务，这些都与制造业密切相关。营改增政策完善了服务型制造业的税收抵扣链条，降低了税负，促进了现代服务业的发展，这为企业内部提供现代服务的相关部门提供了一次扩大规模的契机。

营改增后，服务部门在承接该企业内部的服务业务的同时，也可以积极增加外部业务的承接量。企业之间服务部门的业务往来增多，服务领域拓宽，服务体系得到完善。更进一步来说，当企业内部的服务部门发展到一定程度，具备足够的实力后，也可以选择从母企业分离出去，形成新的具有极高服务专业性的企业，或者由母企业设立为分公司，为母企业的产品制造部门提供更完备的服务和问题解决方案。

第三，统一产品和服务的征收标准，促进企业创新。

随着现代信息技术、互联网和软件产业的高速发展，一些高新技术企业呈现出比较强的服务化趋势。由于科学技术的变革，企业所创造的科研产品种类和数量激增，按照传统的产品与服务的划分标准，我们很难界定很多新产品的性质。如被公认为第三次 IT 浪潮的云计算，它作为传统计算机和网络技术发展融合的产物，意味着计算能力也可作为一种商品通过互联网进行流通。但关于云计算的性质，学界始终没有一种统一的说法来认定。而且即使是传统商品，也有一部分已经服务化。对于这些性质难以界定为产品或服务的新事物，在我国现有的产品和服务征收制度区别分明的税收体系中，我们无法找到一个可以适用的规定。而营改增打破了我国两套税制长期并行的局面，若增值税扩围的力度和范围进一步扩大的话，产品和服务统一征收标准之后，关于这些性质不明的产品是适用增值税还是营业税的难题也就随之可以解决了。产品和服务的征收标准统一后，税收征管难度减小，将为企业的新产品研发、科技制造等解决税收方面的难题，企业的科研力度也会加大，这必然会促进企业的创新，提高创新水平，促进科技发展。

综上所述，营改增政策涉及的部分现代服务业与制造业关系密切，可以避免制造业和服务业分工细化后的重复征税问题，既有利于现代服务业的发展，也有利于制造业的产业升级和技术进步。营改增政策的实施扫除了我国服务型制造业发展的税收障碍，有助于服务型制造业企业提升利润、扩大规模、提高创新水平，为服务型制造业的发展带来了契机。

第二节　制造业企业营改增后的税务筹划策略

制造业企业应该在营改增这一新的环境下，根据自身业务特点对进项税额进行筹划，对供应商选择进行筹划，对纳税人身份进行筹划，以减少税收支出，增加企业效益。

◎ 对进项税额的筹划

当前营改增政策的试点工作主要是在国家指定规划地区针对不同的行业分别实施，而其中显著存在着的地区差异、行业差异以及时间差异等相关因素都会对试点行业企业的进项税额抵扣产生较大的影响，从而直接决定制造企业的总体纳税额度。

制造企业应当全面加强经营管理并且进一步强化与完善企业财务部门运作模式，在此基础上切实做好企业采购控制工作。在营改增后，制造企业的关联行业应该缴纳的增值税 = 销项税 - 进项税，所以，对于企业进项税的抵扣，企业必须能够获得合法的票据凭证，尤其是发展经营规模相对较大的生产制造企业，必须加强对采购环节的进项管理。通过这种合理有效的税务筹划，能够最大限度地为企业争取并获得进项税额抵扣额度，从而高效地为企业减轻成本、提高利润。在进项税额筹划过程中，企业财务管理工作人员在核算环节一定要明确区分增值税可抵扣与不可抵扣进项税的相应项目，目的就是加强对企业纳税风险的控制。

◎ 对供应商选择的筹划

对于每一个制造行业企业而言，从产品研发、生产制造、经营管理到销售服务等多个环节，每一个环节都有企业所需要的链条供应商，这就涉及企业进行合理供应商税务筹划的问题。这些供应商所能为制造企业提供的原材料以及半成产品，都包含着增值税。因此，对于制造企业而言，可根据自身发展需求自主性地要求并合理选择提供增值税发票的供应商企业。

营改增之后，企业进项抵扣范围增大，对供应商的报价需要在考虑抵扣增值税后重新评估再决定是否采纳。选择供应商时财务部不妨和采购部一起合计一下，计算清楚到底哪家便宜。对供应商进行筛选，如能进项抵扣，则应该尽量选择可以进项抵扣的供应商，或者在采购价格上进行谈判。一般而言，在选择供应商时，要尽量选择有“一般纳税人”省份的供应商，争取进项税抵扣最大化。

◎ 对纳税人身份的筹划

在行业内部进一步精简产业结构，包括产业结构内部各个运营环节的优化，以及运营流程的整改。在社会主义市场经济的大背景下，缴纳增值税的纳税人分为一般纳税人和小规模纳税人，两者有着本质的不同，并且对税务筹划的影响也不尽相同。

根据《中华人民共和国增值税暂行条例》，关于“营改增”后增值税率改革的规定为：一般纳税人所适用的税率有6%、11%、13%、17%等四种不同的分档，而对于小规模纳税人，其税收征收率为3%。我国从2009年开始将小规模纳税人转成一般纳税人，与此同时，分别降低服务产业与工业的销售额标准，商业为80万元，而工业为50万元。一些生产、制造规模比较大的国有企业、合资企业，以及中小型的制造企业，在进行税务方案机制筹划过程中，应该严格按照相关文件中的规定来进行。

◎ 制造业企业的税收筹划方式

营改增一方面打通了增值税抵扣链条从而降低了制造业企业的税负，另一方面也促使企业筹划方式发生了变化。以下为几种简要的筹划方式：

一是转变母子公司经营管理模式。在上轮营改增后，不少企业采取“主辅分离”的筹划方式，一方面可以更多地享受现代服务业的税收政策支持，另一方面促进了企业转型升级，提高了运营效率和综合竞争力。本轮营改增，企业除可以继续采用“主辅分离”的方式进一步细化专业分工、优化组织架构外，对于母公司的销项少、进项多及其他情形，也可以考虑转变母子公司的经营管理模式，由母公司向子公司收取总部管理费，这样不仅增加了母公司的销项税额，而且子公司取得的该进项税额也可以抵扣，可谓一举两得。

二是适当选择劳务外包。全面营改增后，人力资源服务的进项税额可以抵扣，从优化和提升专业技术水平、提高经营效益的角度出发，企业可以选择将一些劳务外包，如技术含量低的工作、基础作业等低层次人员的招聘等。这样不但可以获取增值税专用发票抵减销项税额，降低人工和管理成本，而且有助于管理者将精力集中于对企业更有价值的管理活动中。同时要注意，采取劳务派遣方式的，需遵从《劳务派遣暂行规定》关于人数限制的规定，即“使用的被派遣劳动者数量不得超过其用工总量的10%”。

三是充分利用“进价利润平衡点判别法”选择供应商。在营业税阶段，采购支付的价款全部是成本，企业的采购策略为“售价孰低”原则。而全面营改增后，所有纳税人均缴纳增值税，差别主要在于所适用的税率不同、能否取得增值税抵扣凭证，对采购方来说，其采购支出可拆分为不含税采购成本和进项税额。进项税额的高低一方面直接影响企业增值税税负的高低，另一方面也影响采购成本，进而影响到企业的利润。在进项税额都能获得抵扣的情况下，最重要的是考虑采购方案对企业利润的影响有多大。

企业可以运用“进价利润平衡点判别法”进行供应商的选择筹划，进价利润平衡点即在多种进货渠道下，当不含税进价（影响利润的成本因素）相同时，对应的含税采购价的利润平衡点。

例如，某一般纳税人供应商甲的含税报价为 A（税率 11%），另一小规模纳税人供应商乙的含税报价为 B（征收率 3%，可代开增值税专用发票)，城建税等附加税合计为 12%。据此，计算得出“进价利润平衡点”约为：A = 1.09B，即上例中，从一般纳税人处采购与从小规模纳税人处采购的含税报价比值为 1.09 时，实际采购成本大致相等。

当甲报价等于乙报价的 1.09 倍时，从甲、乙处采购成本一致，对企业利润的影响相同；

当甲报价低于乙报价的 1.09 倍时，应选择从甲（一般纳税人）处进货，此时采购成本较低；

当甲报价高于乙报价的 1.09 倍时，应选择从乙（可代开专用发票的小规模纳税人）处进货，此时采购成本较低。

同理可计算其他各种不同税率情形下的进价利润平衡点。

营改增后，制造业企业的实际税负普遍有所降低，但最关键的仍是要取得专用发票或其他可抵扣凭证，并用于可抵扣的项目中，而减负程度则主要取决于企业自身的发展阶段、规模大小、成本结构等。

第三节　营改增政策影响下对制造业企业商业往来的 10 点提示

根据 36 号文，自 2016 年 5 月 1 日起，在全国范围内全面推开营改增试点，将建筑业、房地产业、金融业、生活服务业等全部营业税纳税人纳入试点范围，其由缴纳营业税改为缴纳增值税。尽管制造业不在四大行业之内，但由于与四大行业的商业往来频繁，因此也同样受到本次营改增的影响。下面就通过实例列举 10 点提示来说明自 2016 年 5 月 1 日起，制造业经营者在与四大行业的商业往来中需要注意的有关事项。

◎ 调整定价结构（兼营与混合销售）

如果制造业企业与客户签订的货物销售合同中同时包含了适用不同增值税税率的服务，则需考虑是否调整定价结构。若适用不同税率的增值税应税交易未分别核算，则只能从高适用税率。

◎ 明确增值税代扣代缴义务

应明确向境外单位购买的服务是否完全发生在境外，向境外单位购买的无形资产是否完全在境外使用，以及向境外单位租赁的有形动产是否完全在境外使用。境外供应商没有在中国缴纳增值税的义务，因此如果符合上述情况，制造业企业不必为其代扣代缴增值税。反之，制造业企业将作为增值税扣缴义务人代扣代缴增值税。

◎ 收集完整资料以抵扣代扣代缴增值税

作为扣缴义务人，制造业企业应当收集完整的资料以抵扣为境外供应商代扣代缴的增值税。资料包括完税凭证、书面合同、付款证明和发票。资料不全的，代扣代缴的增值税不得从销项税额中抵扣。

◎ 关注是否可从购买的金融服务中受益

自 2016 年 5 月 1 日起，制造业企业应最大化金融服务进项税抵扣。与贷款服务无关的银行收费进项税可以抵扣，例如，银行收取的手续费、银行账户管理费、信用证咨询服务费等各类费用以及财产保险服务费。

反之，如果制造业企业是以贷款为主要融资渠道的企业，由于与银行贷款有关的进项税不得抵扣，制造业企业将无法实际获得营改增带来的融资成本降低的好处。例如，银行贷款和融资性售后回租的利息以及与银行贷款有关的金融顾问费、咨询费、手续费。

◎ 抵扣购买商业不动产的进项税

制造业企业如果近期有购买商业用房（如厂房等）或在建工程的计划，则可以考虑延迟该计划至 2016 年 5 月 1 日之后施行。在此日期之后发生的进项税额可自取得之日起分两年从销项税额中抵扣，第一年抵扣比例为 60%，第二年抵扣比例为 40%。

当制造业企业向一般纳税人购买其 2016 年 4 月 30 日之前取得或自建的商业不动产时，请确认销售方是选择适用了 5% 税率的简易计税方法，还是选择适用了 11% 税率的一般计税方法，其选择将会影响制造业企业可以抵扣的进项税额。后者（11% 税率）对制造业企业来说更为有利。

◎ 抵扣租赁商业不动产的进项税

从 2016 年 5 月 1 日起，对于任何不动产租赁，制造业企业均需要向房东索取增值税专用发票以抵扣进项税额。

当制造业企业向一般纳税人租赁其 2016 年 4 月 30 日之前取得的商业不动产时，请确认出租方是选择适用了 5% 税率的简易计税方法，还是选择适用了 11% 税率的一般计税方法，其选择将会影响制造业企业可以抵扣的进项税额。

◎ 抵扣购买建筑服务的进项税

从 2016 年 5 月 1 日起，制造业企业可以抵扣不动产在建工程进项税，包括工厂厂房以及办公室的新建、改建、扩建、修缮或装饰。进项税额应自取得之日起分两年从销项税额中抵扣，第一年抵扣比例为 60%，第二年抵扣比例为 40%。

当制造业企业向一般纳税人购买合同开工日期在 2016 年 4 月 30 日前的建筑工程项目时，请确认建筑方是选择适用了 3% 税率的简易计税方法，还是选择适用了 11% 税率的一般计税方法，其选择将会影响制造业企业可以抵扣的进项税额。后者（11% 税率）对制造业企业来说更为有利。

◎ 抵扣购买生活服务相关的进项税

从 2016 年 5 月 1 日起，制造业企业可以抵扣某些生活服务进项税。例如，住宿服务、文化体育服务、教育医疗服务和旅游服务等。

制造业企业购进的餐饮服务、居民日常服务和娱乐服务进项税额不得抵扣。

◎ 最大化其他服务进项税抵扣

从 2016 年 5 月 1 日起，制造业企业应注意抵扣所购进的其他服务进项税额。例如，认证咨询服务、企业管理服务、经纪人服务、人力管理服务、安保服务、房产中介以及职业中介等。

制造业企业员工出差购买的飞机票与火车票进项税不得抵扣。

◎ 注意是否适用跨境应税行为增值税零税率和免税政策

制造业企业应核实跨境应税行为是否可以适用增值税零税率或享受增值税免税政策。例如，若制造业企业向境外单位提供完全在境外消费的研发服务、设计服务、软件服务等，则可以适用增值税零税率。若制造业企业提供标的物在境外使用的有形动产租赁服务，则有机会免征增值税。制造业企业应从境外客户方收集完整的资料，以便向中国税务机关进行备案申报，以享受免征增值税的优惠政策。

【案例分析】

比亚迪通过营改增走向高端

营改增试点给包括比亚迪在内的制造业带来了转型升级的机会。“营改增对制造业非常、非常有利。”比亚迪股份有限公司财务总经理朱爱云在接受记者采访时连续用了两个“非常”来表达自己对营改增的欢迎和支持。

作为国内电动汽车的领跑者，比亚迪近几年正在经历华丽蜕变——实现技术与品质的转型升级。而此时，国家正在持续推进营改增，可以说是给比亚迪实现转型升级送来了一份“大礼”。根据财政部、国家税务总局2012年7月31日发布的《关于在北京等8省市开展交通运输业和部分现代服务业营业税改征增值税试点的通知》，深圳市于2012年11月1日开始实施营改增试点工作；根据2013年5月24日发布的《关于在全国开展交通运输业和部分现代服务业营业税改征增值税试点税收政策的通知》，全国于2013年8月1日开始实施营改增试点工作。比亚迪公司增值税专用发票接收范围更为广泛。“这真是一件大快人心的事情。”朱爱云说。

将2013年已实际发生营改增业务进项税额折算为年度影响，营改增后，比亚迪公司2013年增加进项税额4500万元，其中6%税率试点服务业产生进项税3300万元（主要为文化创意服务2500万元，鉴证咨询及信息技术服务800万元），交通运输业进项税增加1200万元（按11%进项税额开具公路内河货物运输业统一发票折算）。这让比亚迪公司整合了资源，并且能够更加科学地梳理服务业和制造业之间的供需关系，把主要精力放在主业上，进而用改革带来的好政策，把公司做成世界一流的高端制造企业。

营改增对制造业产生的“溢出效应”，还表现在主辅分离上。不少企业主动将生产性服务业务外包，通过主辅分离提高主业的核心竞争力。例如，波司登着力推进二次产业、三次产业分离，把商品企划、营销策划、广告宣传、信息技术和物流服务等服务性板块，从生产制造中逐步分离出来，一方面可以更多地享受现代服务业的税收政策支持，另一方面也有利于企业转型升级，提高运营效率和综合竞争力。

比亚迪在实现主辅分离的同时，除了考虑客户利益，同样注重与供应商的共同成长。因营改增造成供应商税负增加，在公司成本不增加或供应商收入不减少的前提下，供应商提出的涨价要求均得到满足。从目前的实际情况来看，比亚迪公司全国主要物流供应商已采用涨价后的运费标准，运输业由7%增至11%的抵扣差额，比亚迪全部反馈给物流供应商（含税费额上涨3.23%)。比亚迪也对金融行业被纳入营改增范围充满期待,因为这可以有效抵减各制造企业的筹资成本。

借比亚迪的案例我们强调一点,由于生产性服务进入增值税抵扣链条,制造业能够更有动力将部分或全部的生产性服务业务分离,也能促进企业进行外包采购,更好地专注于主营业务,从大而全的发展模式转向特色化、专业化的发展,推动行业社会化分工。因此,在增值税政策执行的过程中,制造业务必保持整个增值税抵扣链条的完整性,这样,上游所有环节增值税一般纳税人缴纳的增值税进项税才能顺利结转到下游生产环节继续抵扣。如果增值税抵扣链条在中间环节形成断裂,这种传递就无法顺利进行,从而影响下游环节的增值税税负和销售价格。

(案例来源:根据《中国财经报》2014年5月12日《营改增助力制造业走向高端》改写)

第四章

邮政行业营改增实务操作

邮政业自2014年1月1日起实施营业税改征增值税，这是我国进一步推进流转税改革、完善增值税抵扣链条的重要举措。那么，新出台的营改增政策对邮政业有什么影响？企业如何应对？邮政企业在营改增实务中存在的问题和应对措施是什么？这些都是邮政企业在实务中需要着力解决的问题。

第一节　营改增对邮政业的影响

邮政业实施营改增是我国税改的重要举措。下面我们详细阐述邮政业营改增政策的基本内容和特点，对营改增带给邮政业的影响进行分析并提出对策和建议。

◎ 邮政业营改增的政策出台

2013 年 12 月 4 日召开的国务院常务会议决定，从 2014 年 1 月 1 日起，将铁路运输和邮政服务业纳入营业税改征增值税试点。此次试点扩围体现出营业税改征增值税“分步”“有序”实施的一贯思路，从而使得营业税改征增值税这项税制改革逐步迈入“深水区”。

邮政业是指中国邮政集团公司及其所属邮政企业提供邮件寄递、邮政汇兑、机要通信和邮政代理等邮政基本服务的业务活动，包括邮政普通服务、邮政特殊服务和其他邮政服务三类。邮政普通服务是指函件、包裹等邮件寄递，以及邮票发行、报刊发行和邮政汇兑等业务活动。邮政特殊服务是指义务兵平常信函、机要通信、盲人读物和革命烈士遗物的寄递等业务活动。其他邮政服务是指邮册等邮品销售、邮政代理等业务活动。

从上述规定可以看出，营改增所指的邮政业仅指中国邮政集团公司提供的各项邮政服务，而中国邮政集团公司提供的快递服务并不属于邮政业，应归属于交通运输业和现代服务业中的物流辅助服务。

为进一步细化邮政业增值税征收管理，国家税务总局于2014年1月20日专门发布了《邮政企业增值税征收管理暂行办法》（国家税务总局公告2014年第5号），对邮政业增值税征收做出了详细规定。

◎ 邮政业营改增的特点

邮政业营改增主要有以下几方面的特点：

第一，邮政业纳税人一律认定为一般纳税人，没有小规模纳税人和一般纳税人之分。虽然我国增值税根据纳税人的年销售额将其分为一般纳税人和小规模纳税人，但由于邮政业是在全国范围内实行总分支机构联网经营的，根据国家税务总局发布的《邮政企业增值税征收管理暂行办法》第十三条规定，“（邮政业）总机构及其分支机构，一律由主管税务机关认定为一般纳税人”，不允许将邮政企业认定为小规模纳税人。

第二，营改增后，邮政业增值税税率统一确定为11%，无3%的征收率。由于国家税务总局规定将邮政企业统一认定为一般纳税人，不允许将其认定为小规模纳税人，因而在此情况下，邮政业增值税只有11%的单一税率，没有3%的税率。

第三，邮政业增值税缴纳方式是由各省、自治区、直辖市和计划单列市邮政企业汇总申报缴纳。根据国家税务总局发布的《邮政企业增值税征收管理暂行办法》第三条规定：“各省、自治区、直辖市和计划单列市邮政企业（以下简称总机构）应当汇总计算总机构及其所属邮政企业（以下简称分支机构）提供邮政服务的增值税应纳税额，抵减分支机构提供邮政服务已缴纳（包括预缴和查补，下同）的增值税额后，向主管税务机关申报纳税。”从该条规定可以看出，省和计划单列市以下的邮政企业在提供邮政服务时，只需要按照增值税的相关规定预缴增值税销项税和取得相关的增值税进项税依据，然后由省和计划单列市邮政总机构对所属分支机构的销项税和进项税进行汇总，再向主管税务机关申报纳税。

对邮政企业提供的除邮政服务以外的增值税应税行为则不实行汇总申报缴纳，而是由各邮政企业就地申报纳税。

第四，邮政企业分支机构在提供邮政服务时，应当按照销售额和预征率计算预缴税额，按月向主管税务机关申报纳税，不得抵扣进项税额。

应预缴税额 =（销售额 + 预订款）× 预征率，其中，预征率由省、自治区、直辖市或者计划单列市国家税务总局派驻机构商同级财政部门确定。

第五，邮政企业总机构按季纳税，分支机构按月预缴纳税。国家税务总局发布的《邮政企业增值税征收管理暂行办法》规定，邮政企业总机构的纳税期限为一个季度，邮政企业分支机构则根据销售额和预征率按月预缴纳税。

第六，邮政服务业增值税免税项目占比较大。目前邮政服务业中的邮政普通服务和邮政特殊服务均为免征增值税项目，除此之外的其他邮政服务属于纳税范围。也就是说，邮册等邮品销售和邮政代理业务等需征收增值税。

同时规定，2014 年 1 月 1 日至 2015 年 12 月 31 日，中国邮政集团公司及其所属邮政企业为中国邮政速递物流股份有限公司及其子公司（含各级分支机构）代办速递、物流、国际包裹、快递包裹以及礼仪业务等速递物流类业务取得的代理收入，以及为金融机构代办金融保险业务取得的代理收入，也纳入免征税范围。

◎ 营改增对邮政业纳税及会计核算方面的影响

营改增对邮政业纳税及会计核算方面的影响体现在以下几方面：

第一，对邮政业税负的影响。

邮政业在征收营业税的情况下，营业税的税率为 3%，而实施营改增后税率为11%，虽然其税率大幅上升，但允许抵扣购进商品或接受劳务时所取得的进项税额。

过去，邮政业在征收营业税时，基本上是对其营业额全部征税，免征项目和税收优惠措施非常少。而实施营改增后，对占邮政业营业额比重较大的邮政普通服务业务（主要包括邮件寄递、邮票发行、报刊发行和邮政汇兑等业务活动）和邮政特殊服务业务都实行了免征增值税政策，只对占营业额比重较小的其他邮政业务（邮册等邮品销售和邮政代理等业务活动）征收增值税，这将在一定程度上大大降低邮政企业的税负。

国家税务总局之所以将邮政普通业务和邮政特殊业务纳入免征增值税的范围，主要是考虑到这两项业务涉及人民群众的日常生活，尤其是普通业务数量巨大，且邮政企业的这两项业务长期处于亏损状态。而邮政特殊业务则是邮政企业利润相对较高的业务，对其免征增值税后，邮政企业的经济效益就会明显好转。

第二，对邮政企业会计核算的影响。

邮政企业在缴纳营业税的情况下，其应纳税额为营业额乘以相应的税率。在缴纳增值税的情况下，分支机构按月预缴的增值税等于销售额乘以预征率；而总机构在对所属全部企业的销项税、进项税和预缴税额进行汇总的情况下，才能计算出应纳税额。同时，邮政企业总机构和分支机构还需要对购买商品或接受劳务时取得的进项税额进行核算，并使用增值税专用发票。因此在实施营改增后，对邮政企业的会计核算提出了更高的要求。

第三，对邮政企业视同销售行为的影响。

在征收营业税的情况下，邮政企业在进行促销时，如果开展类似“买一赠一”的促销活动，对其赠予行为是不征收营业税的；但在征收增值税的情况下，其赠予行为则应被视同销售行为征收增值税。

◎ 邮政业营改增的对策与建议

邮政企业在营改增以后虽然延续了部分免税政策，但是应税项目的税负增加以及邮政企业长久以来的企业运作模式所造成的可以抵扣的进项税额占比很小，很可能导致邮政企业的实际税负增加，应采取以下对策和建议进行改进：

第一，加强内部管理，尽快实现营改增的顺利过渡。

增值税贯穿于企业生产经营的全流程，乃至整个产业链，对企业的经营、采购、管理等均将产生复杂和深远的影响。而且，增值税的计税过程比营业税要复杂得多，征管也更加严格，所以各邮政企业应该尽快加强内部管理，尽快实现营改增的顺利过渡。同时，也应对总机构和分支机构之间汇总申报缴纳的流程进行再造，以保证总机构和分支机构在进行增值税缴纳时衔接畅通。

第二，强化会计人员培训，提高其业务水平。

一是重点培训和学习增值税基本理念、原理和方法，以及邮政营改增相关政策、规定和核算办法。二是邮政企业应当明确职责分工，明确财务、业务、采购和信息技术等部门的职责分工，并建立日常的沟通机制，在企业内部积极开展财税制度法规培训，确保营改增各项工作的有序推进。三是要建立健全增值税专用发票和普通发票的申领、保管、发放、开具、缴销等流程，汇总纳税申报流程，进项发票取得和认证、传递流程等，并建立健全监督检查机制，切实防止代开、虚开增值税发票等违法犯罪行为的发生。四是要主动与财税主管部门沟通协调，完成营改增相关资质认定、发票领购、免税备案等工作。五是由于营改增后，增值税免税业务不能向客户开具增值税专用发票，因此要及时做好上游客户宣传，尽量降低对业务的负面影响，使企业在新形势下实现邮政新旧税制的顺利过渡，保证企业平稳运行。

第三，合理选择供应商，在购买商品或接受劳务时尽可能取得增值税专用发票。

实施营改增后，邮政企业税负的高低除取决于邮政企业销售额的多少以外，还取决于当期进项税额的多少。在这种情况下，邮政企业在购买商品或接受劳务时，应尽量选择一般纳税人作为自己的供应商，并取得增值税专用发票，这样就取得了抵扣的权利，以便在计算应纳税额时予以抵扣。

第四，合理利用税收优惠政策。

邮政业关系到人民群众的日常生活，在营业税改征增值税的情况下，邮政企业应尽量争取更多的税收优惠政策并加以合理利用，以减轻企业税负，更好地为民众服务。邮政企业应当利用自身营业网点多、遍布城乡的优势，开展多元化经营，开辟新的盈利点，提高企业盈利能力，促进企业更好更快地发展。

第二节　邮政企业营改增实务中存在的问题及应对

邮政企业全面纳入营改增改革已近一年，税负不降反增，实务核算中也出现了各种问题，下面将就纳税实务中出现的问题进行深入分析，并提出改进建议。

◎ 邮政企业营改增实务中存在的问题

第一，收入核算工作不到位，被税务机关从严征税。

一是未分别核算不同税率或者征收率的应税服务收入，被迫从高适用税率。依据相关文件规定：纳税人提供的铁路运输服务、邮政业服务适用11%税率；提供现代服务业服务（有形动产租赁服务除外），税率为6%。邮政企业的收寄、分拣和派揽服务属于物流辅助服务，适用6%税率，而中间的运输环节属于运输业，适用11%税率。可现实中，邮政企业的收派件和运输业务是一体的，无法明确予以区分。营改增之后，邮政企业进行财务核算时仍然将其作为一个业务核算。根据《交通运输业和部分现代服务业营业税改征增值税试点实施办法》第三十五条规定："纳税人提供适用不同税率或者征收率的应税服务，应当分别核算适用不同税率或者征收率的销售额；未分别核算的，从高适用税率。"这导致邮政企业被税务机关从高适用税率，统一按11%征税，从而造成企业多缴增值税。

二是免税、减税项目无法分开核算，很难享受税收优惠。《关于在全国开展交通运输业和部分现代服务业营业税改征增值税试点税收政策的通知》（财税〔2013〕137号）对规定的特殊服务收入分别施行了免征、零税率、退税等税收优惠，其目的是减轻纳税人的税收负担，以支持、鼓励某些特殊行业或对象的发展。但邮政企业的许多减免税业务无法明确区分，导致不能享受税收优惠。

第二，不能取得符合规定的增值税专用发票，导致进项税额抵扣少。

税务机关为了完善增值税征收管理，对增值税专用发票做了非常严格的规定，开出的增值税专用发票中即使有一点错误也无法抵扣，另外，开具增值税专用发票还需要采购方提供开票信息中所示的一系列证件。邮政作为物流企业，历来对下游企业发票控管不严，很多可抵扣内容无法取得发票或符合规定的发票，导致进项税额减少。如燃料、配件和汽车修理的费用在物流企业成本中占很大一部分，理论上都可以计算进项税额抵扣。但中国邮政作为大型物流企业，没办法强制车辆统一到正规加油站或者修理厂加油或者修理，运载车辆在全国各地行驶的过程中必然是在缺油或抛锚的状况下就近寻找加油站补充燃油或到修理厂维修，这样就无法保证每次的加油或维修都能取得专用发票，导致进项税额大大减少。

第三，忽视必要的程序和备案手续，造成未能依法享受税收优惠。

营改增对邮政企业规定了不少税收优惠政策，如《应税服务适用增值税零税率和免税政策》规定：为出口货物提供的邮政业服务和收派服务免征增值税。但按照税收征管法的规定，符合优惠条件的纳税人必须履行相应的申报程序和备案手续。可在营改增实施后，一些省份的邮政企业或者对税收优惠不熟悉，或者对税收优惠备案工作不熟悉，不能及时进行备案，导致企业失去了享受税收优惠的机会。

第四，会计核算不健全，导致不允许抵扣进项税额。

增值税纳税企业在会计核算上比营业税纳税企业要求更加严格，在计算应纳税额时需准确核算各类收入和“应缴税费—应交增值税”下的各个明细账，如果会计核算不健全，就不允许抵扣进项税额。邮政企业核算本就处于完善过程中，再加上营改增的新规定，会计核算人员无法在短时间内达到税务机关的要求。例如，不能按照会计制度和税务机关的要求准确核算成本、收入、费用、应缴税费等账簿的有关数据，尤其是不能准确核算增值税的销项税额、进项税额和应纳税额；有关会计数据在原始凭证、记账凭证、明细账、总账、会计报表和申报表之间缺乏逻辑对应关系；缺乏原始凭证或者原始凭证不符合规定要求。这些都将导致进项税额无法抵扣，增加了邮政企业的税负。

◎ 应对邮政企业营改增问题的措施

第一，严格把关，争取最大限度享受税收优惠。

对能享受的税收优惠，一定要尽最大努力积极争取。首先，规范核算，争取将免税收入、减税收入和正常收入区分开，邮政企业可以调集专业人员，研究业务流程，然后将其与会计核算相结合，对业务进行实务和核算的分段处理。其次，积极收集整理享受税收优惠所需要的各种证明材料。对符合税收优惠条件的，邮政企业需要提供相应材料以证明税收优惠的合法性。如对中国境内单位和个人提供的国际运输服务、向境外单位提供的研发服务和设计服务取得的收入，适用增值税零税率，需要纳税人分别提供《国际船舶运输经营许可证》《道路运输经营许可证》和《国际汽车运输行车许可证》或者《公共航空运输企业经营许可证》。只要相关程序健全合理，相关人员尽职负责，这些资料就都能收集齐全。最后，依照税法规定履行有关程序。营改增的有关政策对各项税收优惠都限定有具体的对象、范围、条件，纳税人不仅要向主管税务机关提供必需的证明材料，还需要按规定履行审批、认定或备案的程序，否则便不能享受优惠政策。邮政企业有众多优惠政策可以享受，因此要主动备案，争取税收效益最大化。

第二，加强对增值税发票的管理。

发布条文，要求集团公司所有涉及采购货物或接受劳务的业务活动必须到有一般纳税人认证资格的公司进行，尽量不从小规模纳税人、个体工商户进行采购或接受劳务。尤其是对于运输车辆的燃料采购和修理，必须严格按照规定进行。另外，取得增值税专用发票后，经办人应及时将抵扣联移交财务进行抵扣认证，不得以任何理由使增值税发票滞留在手中，这样财会部门才能及时发现发票的问题，采取补救措施。

第三，以增值税为目标健全财务核算流程。

邮政企业要加强财务管理，健全财务核算规程，按照企业会计准则和财务通则的要求设立总账、明细账并如实记账，明细账必须包括库存商品（存货）明细账、销售收入明细账、销售成本明细账、应收应付（业务往来款项）明细账、“应缴税费—应交增值税”明细账等账簿；准确核算并提供进项、销项税额和应纳税额等相关纳税资料；配备或者聘请专业财务会计人员进行会计核算。

【案例分析】

上海市国税局对A邮政公司申报纳税情况及发票使用情况的检查和解决方法

自2014年1月1日起，我国在铁路运输业和邮政业开展营改增试点。同年，上海市国税局按照上级机关的工作部署，对A邮政公司2014年1月1日至2014年9月30日的申报纳税情况及发票使用情况实施了检查。经检查发现，该企业存在未按规定抵扣进项税、应税和免税业务划分不准确、适用税率不正确等多项涉税问题，共计查补增值税700余万元。

第一，熟悉情况，找准问题切入。

经查询显示，A 邮政公司属于邮政基本服务行业，经营范围包括国内和国际邮件寄递业务，国内报刊发行，图书报刊批发、零售，普通货运，仓储业务，销售邮票、集邮票品、邮政器材、邮政包装用品等。A 邮政公司下属有 16 家区县邮政公司，以及集邮总公司、国际邮购公司、物业管理公司等 11 家专业公司。

营改增后，A 邮政公司及其下属区县公司实行统一的会计核算，增值税和企业所得税由 A 邮政公司汇总缴纳，区县公司在机构所在地缴纳营业税及个人所得税等地方税。专业公司为独立核算企业，自行核算并缴纳税款。该公司涉及邮政营改增的业务主要有三大类：邮政普通服务、邮政特殊服务和其他邮政服务。其中，邮政普通服务和邮政特殊服务享受增值税免税政策，其他邮政服务涉及 6%、11%、17% 等税率的增值税项目以及部分营业税项目。

经深入调查，检查人员发现 A 邮政公司在发票管理方面的内控制度比较严格。通用机打发票的领取、下发、接收、入库和开具等均通过邮政发票管理系统进行计算机管理，所有分支机构也均通过该系统网络开具通用机打发票。对于增值税专用发票，该公司设专人集中开具，并制定下发了《关于增值税专用发票使用规定的通知》等内部文件，规范增值税专用发票的使用。因此，检查人员将检查重点放在了进项抵扣和应税收入这两个关键点上。

检查人员分析，在进项抵扣方面，营改增后，邮册等邮品销售适用增值税征税政策，对应的成本主要由人工、折旧、集邮商品成本、印制费、业务材料、管理费等几部分组成，其中可以取得增值税进项发票的主要有集邮商品成本（包括邮票和集邮册制作成本），固定资产购置成本，按应税和免税营业额拆分的服装、劳防用品和业务材料等的费用。A 邮政公司在与主管税务机关沟通后，对于无法区分应税与免税项目的服装、劳防用品、业务材料等的费用按照 2014 年预算收入中应税收入占整体收入的

10%进行进项抵扣，年底按照收入的实际情况进行调整。在应税收入方面，营改增后，邮政服务业增值税免税项目较多，而涉税检查项目则相对较少。

根据这些情况，检查组决定对A邮政公司进项税抵扣范围、有无法定抵扣凭据、是否用于免税项目和非应税项目等内容进行审核，并重点关注企业核算和申报纳税时，应税和免税业务是否划分准确，适用税率是否正确以及增值税与营业税有无混淆等问题。

第二，细致梳理，发现政策混淆。

检查人员对A邮政公司的票据展开细致核对，发现该公司抵扣了购买食堂用冰箱及相关设备修理费，属于进项违规抵扣；对电费、燃气费、水费等可以进行分摊抵扣的进项未抵扣，属于进项应抵未抵；从其集团总部购进邮票但未按时取得增值税专用发票，造成用于制作邮品销售的应税部分涉及的进项税额未能按时进行抵扣。

在对应税收入的检查中，税务人员发现该公司存在应税收入混同免税收入、母子公司往来未确认收入的问题。

经交流，检查人员发现A邮政公司下属C区分公司的财务人员对营改增税收政策的理解有偏差，有扩大免税范围的倾向。检查人员随即对该公司的收入账目逐条进行了梳理，发现该公司2014年1月至4月为用邮企业办理交寄邮件的制作、打印等业务，将制作费收入列入“主营业务收入——函件业务收入——函件其他收入”科目，与其他函件业务收入一并享受邮政普通服务的免税政策，未计缴销项税额。

在对A邮政公司的全资子公司B公司进行检查时，检查人员发现其与母公司之间的业务账务处理也不合常规。通过对财务人员的进一步询问，检查人员了解到，在营改增前，A邮政公司与B公司之间库存商品的转移，采用业务结算单的方式进行结算，不开具发票；营改增后，A邮政公司每月底根据库存划拨情况，开具增值税专用发票给B公司，同时将对应的进项作转出处理。但在资金往来上，两个独立的法人公司始终以总分机构的形式进行资金划拨，A 邮政公司延续原库存划拨的操作方式，也未将这种商品的转移业务确认为收入。

尽管 A 邮政公司与 B 公司的库存划转价格上按平进平出结算，而且 A 邮政公司已对相应进项作进项转出，不涉及补税，但两家企业属于两个独立法人主体，应按照独立交易原则来核算双方之间的购销业务。稽查部门及时要求企业予以改正。

第三，实地调查，深挖涉税风险。

在实地检查中，检查人员发现在邮政营业部大厅里摆放着一些非邮政公司发行的邮品及商品，便对其销售模式产生了好奇。通过询问调查，检查人员了解到 A 邮政公司和 B 公司代销邮政系统外公司的邮品时，存在两种方式：一是对代销货物按进价销售，收取纯手续费；二是对代销货物进行买断后销售。

检查人员发现 A 邮政公司在纯手续费代销方式下，对按进价销售的代销货物未按规定视同销售作销项处理，仅将手续费部分计入收入，申报缴纳营业税，应按规定补缴增值税。B 公司在纯手续费代销方式下则对收取的手续费按 11% 税率错误申报缴纳了增值税。对该企业收取手续费适用税种错误的行为，稽查部门一并要求企业予以纠正。

在买断代销方式下，A 邮政公司按取得增值税专用发票上注明的 17% 税率抵扣进项税，但在销售时则按邮品税率 11% 申报纳税。经调查，检查人员认为 A 邮政公司从第三方购入的商品不属于邮品的范畴，属于一般商品销售，应按 17% 计算缴纳增值税。

第四，案例总结分析。

这个案例说明，营改增后，邮政业企业存在多档适用税率，经常发生特殊业务，并涉及免税与应税项目划分、增值税与营业税收入区分等多个混淆点，这些都可能成为该行业的风险高发点。与此同时，通过此次对 A

邮政公司的检查，可以看出邮政行业往往存在着混淆不同税率的应税收入、混淆应税收入与免税收入和混淆增值税应税收入与营业税应税收入的问题；同时，邮政业在总公司与子公司业务往来收入确认和销售收入完整性确认方面也存在模糊点。这些都将是今后对邮政行业展开稽查工作时可参考的重点，其对税务人员的稽查工作提出了新的要求——关注特殊业务，是提高稽查针对性、找准切入点的关键。

税务人员要想找准切入点，就要在前期准备工作上做足功课。在实施检查前，税务人员需熟悉稽查对象的所属行业、业务类型、核算特点以及行业特殊税收政策，为找准特殊业务奠定基础；需熟悉稽查对象，在稽查过程中深入了解企业各类业务经营特点和业务管理系统，熟悉稽查对象的业务处理规则和内控制度。除此之外，税务人员还要将业务处理规则和税收政策相比对，找到企业税收业务处理中的不合规之处，分析企业内控制度的薄弱环节，从而发现涉税问题。一般情况下，可以从以下几方面寻找需要关注的特殊业务：第一类为适用特殊税收政策的业务，如免税业务、研发费加计扣除列支范围等；第二类为脱离于企业内控管理系统之外的特殊业务，如银行业中信用卡逾期还款带来的滞纳金及罚款收入、培训机构的延转班级业务核算业务等；第三类可以通过对企业信息化管理系统的检查发现，如特殊业务代码、特殊金额、特殊人员操作、特殊会计期间、后台业务操作和特殊业务编号等；第四类是税会处理存在差异的业务，如固定资产折旧、跨期一次性租金收入核算等。

（案例来源：根据“税屋网”2016年1月20日《邮政业：应税免税要分清》改写）

| 第五章 |

电信行业营改增实务操作

电信业从2014年6月1日起被纳入营改增试点范围，实行差异化税率，基础电信服务和增值电信服务分别适用11%和6%的税率，为境外单位提供电信业服务免征增值税。那么，在电信行业实行营业税改征增值税项目后，税负是否会降低？企业的财务管理会受到何种影响？企业需要做好哪些应对准备？这些都是我们需要解决的问题。

第一节　营改增对电信行业的影响分析

营改增已是大势所趋，在电信行业的营改增全面深入地实施之前，其为电信行业带来的影响有好有坏，对企业净利润、税收筹划、经营效益的影响等，都是电信行业运营商应该着重关注的问题。电信行业应了解营改增带来的影响，以便尽快采取应对措施。

◎ 营改增对电信行业财务管理的影响

在执行营改增之前，企业所缴纳的营业税，借记“主营业务税金及附加”科目，贷记“应交营业税”科目，营业额中包含营业税，企业将其纳入成本范畴，属于可以在所得税之前扣除的类别。在实行营改增之后，企业所缴纳的增值税要按照增值部分进行计算，不能作为成本进行扣除。企业的销项税额应以不含税销售额的营业收入进行计算。取得增值税专用发票的成本费用和资本性支出，在符合抵扣要求的情况下，计量依据从总价变为不含税净额。此外，取得符合规定的增值税扣税凭证的劳务支出和外购货物也应按不含税价格确定进项税额。

固定资产的投资在一定程度上会对电信运营商可抵扣进项税产生影响，电信行业的固定资产通常是一些使用寿命较长的大型设备或设施，营改增之前投入的固定资产不能进行抵扣，营改增之后投入的固定资产可以进行抵扣，但是，营改增后可抵扣进项税所产生的影响需要一段时间才能体现出来。电信运营商收入会随着营改增的进行有所下降，成本费用支出中的部分类别仍然缴纳营业税，无法进行抵扣，如折旧、人工成本、财务费用、用户欠费、租赁和维修支出等。另外，可抵扣项目增值税专用发票取得的难易程度和充分度也会影响成本费用。以上这些因素都会影响电信运营商的盈利能力。

◎ 营改增对电信行业税负的影响

营改增之前，电信行业适用的营业税税率为3%的低税率，部分通信业企业还可以享受差额征税等优惠政策。而营改增以后，电信行业的基础电信服务适用11%的高增值税税率，增值电信服务适用6%的增值税税率。相比之下，电信企业负担的税率增加，其所需缴纳的税款便会相应提高。据2014年调查显示，当前信息服务业企业利润率不足6%，实施营改增后，三大基础运营商利润将下降36.5%，信息服务业和软件业企业将下降20%。以中国移动通信集团福建有限公司为例，预计全年总收入将减少15亿元，占原收入的9.8%；利润总额将减少7.12亿元，减幅为110.34%；税负将增加0.94亿元，增幅达17.3%。

在进项税方面，营业税以营业额为计税依据，而增值税以销项税额减进项税额的差额为计税依据。其中，影响可抵扣的进项税额的因素有三个：一是人工成本。因为人工成本中包含的劳务派遣人员的工资并没有被纳入“营改增”试点的范围，所以人工成本不能全部用于产生进项税额。如果劳务派遣人员的工资占总人工成本的比例过高，成本可抵扣的部分所占的比重就会被提高，从而导致计税基数过高，进而增加税负。二是固定资产。电信企业购入的固定资产属于可以从销项税额中抵扣的项目，凭有效凭证进行抵扣。在营改增后，假如企业进行了大规模的资产投入，就会产生大量的进项税抵扣额，使企业的税负降低。但是大量的固定资产投入往往会出现在电信企业建设的早期，这一时期会有大量的折旧摊销费用，而这些费用按规定无法进行进项税额的抵扣，这在一定程度上增加了税负。三是房屋租赁。电信业由于业务需要往往会租用大量的房屋，但是房屋租赁所产生的租金等费用并未纳入营改增的范围。

在销项税方面，在营改增之前，原套餐中包含的无偿赠送业务与套餐捆绑征收3%的营业税，而在营改增以后，无偿赠送业务将视同销售，需缴纳增值税，由于营改增初期电信企业未能及时调整其原有的通话套餐业务，从而增加了企业的税负。

◎ 营改增对电信行业运营模式的影响

营改增以前，三大运营商为了相互竞争均采用了相应的促销方法，如充话费送手机、积分兑换物品等。依据有关规定，以业务销售附带赠送实物的业务，不征收增值税，其进项税额不得予以抵扣；附带赠送实物不适用营业税征收范围，不予征收营业税。实行营改增后，预存话费送的手机、礼品等销售业务附带赠送实物的业务应视同销售，对其计征销项税，基于此，运营商可能会改变原有的经营模式，降低用户的额外补贴。

◎ 营改增对电信行业纳税方式的影响

营改增之前，电信运营商的货物采购大多实行由集团公司、省公司集中采购和付款的方式。但在营改增后，由于集团或省级公司集中采购产生的进项税和市分公司因销售产生的销项税额不属于同一纳税主体，将产生市分公司不知如何进行抵扣的问题，电信行业的纳税方式将因此发生变化。

第二节　电信行业应对营改增的对策

通过上一节的分析可以发现，在营改增的初期，其对电信行业影响的结果是弊大于利。电信行业要想减轻税负，增加利润，就必须提早做出应对措施，只有这样，才能在营改增的契机下保持良好的发展势头。

◎ 优化运营模式，适应营改增相关规定

基于电信行业的特殊性，其应该尽快调整套餐内容，对有捆绑视同销售赠送业务的套餐方案进行改革优化。电信行业应该对其基础电信服务和增值电信服务加以区分，根据对应的税率进行会计核算，避免由于分类的混乱出现全部业务均按11%的高税率进行纳税的后果。

◎ 合理利用固定资产相关政策

电信行业应对营改增后对外购、自建固定资产允许抵扣进项税的政策进行合理利用。电信行业可以通过增值税进项税额的抵扣，减少固定资产的折旧费用，从而降低成本费用，增加利润。

◎ 加强增值税专用发票的管理

实践证明，增值税专用发票的取得对电信行业乃至全部行业进项税额的抵扣环节来说都至关重要。在面临一般纳税人和小规模纳税人供应商的

选择时，企业应选择优良供应商，并优先选取一般纳税人。企业可以事先与供应商就专用发票的取得问题协商出一致、互利的方案。另外，电信行业作为其他行业的供应商，也应进一步提高自身开具增值税专用发票的能力，及时开具合法合规的增值税专用发票。

◎ 进行内部相关业务人员的培训

营改增的实施必定需要更高素质的相关业务人员，电信企业运营商应对企业内部相关工作人员进行进一步的教育和专业知识的培训，提高其整体素质、职业道德和专业技术知识水平，使其具备应对营改增所带来的负面影响的能力。

第三节　通过案例解读电信业营改增后如何缴纳增值税

对于电信业来说，自2014年6月1日起，如何申报缴纳增值税成为其新的课题。下面通过举例对此加以说明。

◎ 提供基础电信服务的涉税处理

甲电信集团某分公司为增值税一般纳税人。2014年6月，利用固网、移动网、卫星、互联网提供语音通话服务，取得价税合计收入2220万元；出租带宽、波长等网络元素取得价税合计服务收入555万元；出售带宽、波长等网络元素取得价税合计服务收入888万元。另外，该分公司在提供电信业服务时，还附带赠送用户识别卡、电信终端等货物或者电信业服务，为客户提供的基础电信服务价税合计333万元。已知该分公司当月认证增值税专用发票进项税额200万元，且符合进项税额抵扣规定。那么，该分公司2014年6月应如何申报缴纳增值税？

依照相关文件规定，电信业提供基础电信服务，适用11%的增值税税率；在提供电信业服务时，附带赠送用户识别卡、电信终端等货物或者电信业服务的，应对其取得的全部价款和价外费用进行分别核算，按各自适用的税率计算缴纳增值税。因此，该分公司2014年6月应申报缴纳的增值税为：(2220＋555＋888＋333)÷1.11×11%－200＝196（万元）。

◎ 提供增值电信服务的涉税处理

乙电信集团某分公司为增值税一般纳税人。2014 年 6 月，利用固网、移动网、卫星、互联网、有线电视网络，提供短信服务，取得价税合计收入 318 万元；提供彩信服务，取得价税合计收入 212 万元；提供电子数据和信息的传输及应用服务，取得价税合计收入 424 万元；提供互联网接入服务，取得价税合计收入 636 万元；提供卫星电视信号落地转接服务，取得价税合计收入 742 万元。同时，该分公司在提供电信业服务时，还附带赠送用户识别卡、电信终端等货物或者电信业服务，为客户提供的增值电信服务价税合计 106 万元。已知该分公司当月认证增值税专用发票的进项税额为 38 万元，且符合进项税额抵扣规定。那么，该分公司 2014 年 6 月应如何申报缴纳增值税？

依照相关文件规定，电信业提供增值电信服务，适用 6% 的增值税税率；在提供电信业服务时，附带赠送用户识别卡、电信终端等货物或者电信业服务的，应对其取得的全部价款和价外费用进行分别核算，按各自适用的税率计算缴纳增值税。因此，该分公司 2014 年 6 月应申报缴纳的增值税为：$(318+212+424+636+742+106)\div 1.06\times 6\%-38=100$（万元）。

◎ 提供电信业特殊服务的涉税处理

丙电信集团某分公司为增值税一般纳税人。2014 年 6 月，提供基础电信服务，取得价税合计收入 1110 万元；提供增值电信服务，取得价税合计收入 530 万元。与此同时，该分公司当月还发生了下列经济业务：

一是通过国家规定的手机短信公益特服号及公益性机构，接受捐款服务，取得价税合计收入 636 万元，其中支付给公益性机构的捐款为 530

万元；

二是向境外单位提供电信业服务，取得价税合计收入300万元；

三是以积分兑换的形式赠送电信业服务，为客户免费提供的电信服务价税合计400万元；

四是通过卫星提供语音通话服务、电子数据和信息的传输服务，取得价税合计收入515万元。

已知该分公司当月认证的全部增值税专用发票进项税额为150万元，但按简易计税方法计税项目、非增值税应税劳务、免征增值税项目的进项税额无法准确划分。假定该分公司通过卫星提供的语音通话服务、电子数据和信息的传输服务，选择按简易计税方法计算缴纳增值税。那么，该分公司2014年6月应如何申报缴纳增值税？

依照相关文件规定，电信业提供下列特殊服务，可按以下规定申报缴纳增值税：

第一，中国移动通信集团公司、中国联合网络通信集团有限公司、中国电信集团公司及其成员单位通过手机短信公益特服号为公益性机构接受捐款服务，以其取得的全部价款和价外费用，扣除支付给公益性机构捐款后的余额为销售额。

第二，境内单位和个人向中华人民共和国境外单位提供电信业服务，免征增值税。

第三，以积分兑换形式赠送的电信业服务，不征收增值税。

第四，在2015年12月31日以前，境内单位中的一般纳税人通过卫星提供的语音通话服务、电子数据和信息的传输服务，可以选择按照简易计税方法计算缴纳增值税。

据此，该分公司2014年6月应申报缴纳的增值税计算过程如下：

不得抵扣的进项税额＝当期无法划分的全部进项税额×（当期简易计税方法计税项目销售额＋非增值税应税劳务营业额＋免征增值税项目销售

额）÷（当期全部销售额 + 当期全部营业额）= 150 ×（515 ÷ 1.03 + 400 + 300）÷［（1110 ÷ 1.11）+（530 + 636 − 530）÷ 1.06 + 300 + 400 +（515 ÷ 1.03）］≈ 64.29（万元）；

销项税额 = 1110 ÷ 1.11 × 11% +（530 + 636 − 530）÷ 1.06 × 6% = 146（万元）；

按一般计税方法应纳的增值税 = 146 −（150 − 64.29）= 60.29（万元）；

按简易办法计税应纳的增值税 = 515 ÷ 1.03 × 3% = 15（万元）；

当月合计应纳的增值税 = 60.29 + 15 = 75.29（万元）。

第四节　通过案例解析电信业营改增两种典型业务的会计处理

电信业纳入营业税改征增值税试点范围之后，其会计核算方法和纳税办法也将完全改变。下面通过具体案例解释电信行业营业税改征增值税之后在预存话费送手机、积分兑换礼品两种典型业务中的增值税和会计处理方法。

◎ 电信业营改增后预存话费送手机业务的会计处理

根据相关文件规定，纳税人提供电信业服务时，附带赠送用户识别卡等货物或者电信业服务的，应将其取得的全部价款和价外费用进行分别核算，计算缴纳增值税。取得的全部价款和价外费用中，暂以电信终端的成本价作为货物价格，剩余部分按照公允价值拆分为基础电信价格和增值电信价格，按各自适用的税率计算缴纳增值税。在预存话费送手机业务中，手机销售收入应在当期一次性确认，而话费部分则计入负债随着服务的提供逐期确认。

A 公司是一家电信企业，营业税改征增值税后属于增值税一般纳税人。2014 年 8 月 A 公司推出预存话费赠送手机活动，客户只需预缴话费 5288 元，即可获得市价 4188 元、A 公司含税购入价 3510 元的手机一部。以月消费 138 元套餐为例，假设客户在合约期内没有话费溢出且基础电信服务和增值电信服务分别占 70% 和 30%，每月将获得部分话费返还并另支付话费 63.92 元。

购进手机时，按照增值税专用发票确认库存材料和进项税。

借：库存材料——苹果手机　3000

　应交税费——应交增值税（进项税额）　510

　贷：银行存款　3510

用户参加活动当月，手机按照成本价做销售货物处理，其余款项计入负债，确认预收账款 = 5288 − 3510 = 1778（元）。

借：银行存款　5288

　贷：预收账款　1778

　　其他业务收入　3000

　　应交税费——应交增值税（销项税额）　510

同时结转手机成本。

借：其他业务成本　3000

　贷：库存材料——苹果手机　3000

合约期内应将话费拆分为基础电信服务和增值电信服务分别核算，根据案例的假设比例，每月确认收入 = 138 × 70% ÷（1 + 11%）+ 138 × 30% ÷（1 + 6%）= 126.09（元），销项税额 = 138 × 70% ÷（1 + 11%）× 11% + 138 × 30% ÷（1 + 6%）× 6% = 11.91（元），预收账款 = 1778 ÷ 24 = 74.08（元）。作如下会计分录：

借：预收账款　74.08

　银行存款　63.92

　贷：主营业务收入　126.09

　　应交税费——应交增值税（销项税额）　11.91

税务处理：购入手机当期进项税 = 3510 ÷（1 + 17%）× 17% = 510（元），取得增值税专用发票；用户参加活动当期销项税额 = 3510 ÷（1 +

17%）×17% =510（元），合约期内每期基础电信销项税额 =138×70% ÷（1+11%）×11% =9.57（元），增值电信销项税额 =138×30% ÷（1+6%）×6% =2.34（元），每期合计销项税额 =9.57+2.34 =11.91（元）。

若客户为增值税一般纳税人，则参加活动时按手机价格开具17%的增值税专用发票，价税合计3510元，开具收据1778元；合约期间每期开具税率为11%的增值税专用发票，价税合计96.6元；税率为6%的增值税专用发票，价税合计41.4元。若客户为其他企业或个人，则在参加活动当期按手机价格和预收款分别开具普通发票，实际按期分摊时分摊部分不再开具发票，并在合约期内另收取话费时按话费金额开具普通发票。

◎ 电信业营改增后积分兑换礼品业务的会计处理

在销售商品或提供劳务的同时授予客户奖励积分的，在授予当月应当将收取的全部价款和价外费用在本次商品销售或劳务提供与奖励积分的公允价值之间进行分配，将奖励积分的公允价值确认为递延收益，将收取的全部价款扣除积分公允价值的部分确认为收入。在到期客户兑换积分时，企业应将原计入递延收益中与所兑换积分相关的部分确认为收入。《增值税暂行条例实施细则》第四条规定，将积分兑换的商品赠送用户的做法，暂视同销售货物缴纳增值税。而相关文件规定，以积分兑换形式赠送的电信业服务，不征收增值税。

A公司2014年8月推出授予客户奖励积分活动，活动期间每消费1元可获得1积分，客户可在一年内兑换礼品（价值40元一桶的食用油等）或者话费，每100积分抵用1元。当月，某顾客共计消费50000元，假设基础电信服务和增值电信服务分别占话费的70%、30%，且其会将积分全部进行兑换。

消费当月，按照活动规则，顾客共计消费50000元，获得积分50000

分，可在兑换时抵用现金 500 元即公允价值 500 元。因此本月应确认递延收益 500 元，确认收入 = 50000 × 0.7 ÷ (1 + 11%) + 50000 × 0.3 ÷ (1 + 6%) − 500 = 31531.53 + 14150.94 − 500 = 45182.47（元），销项税额 = 50000 × 0.7 ÷ (1 + 11%) × 11% + 50000 × 0.3 ÷ (1 + 6%) × 6% = 3468.47 + 849.06 = 4317.53（元）。

借：银行存款　50000

　　贷：主营业务收入　45182.47

　　　　应交税费——应交增值税（销项税额）　4317.53

　　　　递延收益　500

兑换积分当月，假设顾客将 50000 元积分兑换成价值 40 元的食用油 10 桶和 100 元话费。

借：递延收益　500

　　贷：主营业务收入　500

同时，所赠送食用油应视同销售计算应纳税额 = 400 ÷ (1 + 13%) × 13% = 46.02（元）。

购买食用油时，销售费用 = 400 ÷ (1 + 13%) = 353.98（元）。

借：销售费用　353.98

　　应交税费——应交增值税（进项税额）　46.02

　　贷：银行存款　400

税务处理：购买食用油时，进项税额 = 400 ÷ (1 + 13%) × 13% = 46.02（元），取得增值税专用发票。消费当月基础电信服务销项税额 = 50000 × 0.7 ÷ (1 + 11%) × 11% = 3468.47（元），增值电信服务销项税额 = 50000 × 0.3 ÷ (1 + 6%) × 6% = 849.06（元），合计 4317.53 元。兑换积分时，所兑电信服务不再缴纳增值税，所兑食用油视同销售计算应纳税额 = 400 ÷ (1 + 13%) × 13% = 46.02（元）。

若客户为增值税一般纳税人，则在消费当月开具税率为 11% 的增值税专用发票，价税合计3.5万元；税率为6%的增值税专用发票，价税合计1.5万元。兑换时不再开具发票。若客户为其他企业或者个人，则在收取话费时按话费金额开具普通发票，后期消费时不再开具。

【案例分析】

中国联通营改增后应该采取的管理对策

电信业是我国信息服务部门的重要支柱产业之一，主要为社会提供通话、网络接入以及数据传输等各种信息服务，已深入组织和个人生活的方方面面，因而其具有覆盖面广、影响力大、服务公共性强等特点。营改增对于电信业的影响已经受到了广泛关注。下面以中国联通为例，分析营改增对其收入、成本费用、资本投资以及利润方面的影响，并提出建议。

第一，中国联通案例分析。

中国联通是中国三大电信运营商（中国移动、中国联通、中国电信）之一。下面在中国联通2013年年报数据的基础上做静态模拟测算，分析营改增对其财务状况的影响。

根据中国联通2013年年报，在其总收入中，53%来自基础业务，25%来自增值业务，19%来自电信商品销售业务，3%来自动产租赁业务。其成本费用中，35.81%为可抵扣费用，包括网间结算成本、维修费、水电费、广告费、咨询费、商品购进成本等，分别适用6%、11%、13%、17%等不同抵扣税率；剩余64.19%为以人工成本和折旧费用为代表的不可抵扣费用。中国联通的固定资产投资规模巨大，2013年新增工程设备和材料476亿元，由于报表附注没有披露新购入的工程设备和材料是用作动产建设还是不动产建设，我们不能将其全部看成可作进项税额抵扣的资产，故在下文的分析中我们会在不同的假设前提下加以讨论。此外，中国联通在固定资产投资中涉及的建筑业劳务尚未纳入营改增范围，相关税额不能抵扣；为简化处理，固定资产建设过程中的建设监理费等费用是否可作抵扣不予考虑。除固定资产投资之外，无形资产（如计算机软件）的购买也会带来可抵扣的进项税额，故在资本投资中还要考虑部分无形资产。

以中国联通2013年年报披露的数据为依据，假设采用的所得税税率24.70%为公司平均税率，城建税按7%计，教育费附加按3%计，各项计算公式如下：

税改前流转税合计＝（城建税＋教育费附加）÷10%

税改后流转税合计＝增值税

税额合计＝营业税＋增值税＋城建税＋教育费附加＋所得税

税前利润＝营业收入－营业成本及费用－营业税费及附加

流转税负税率＝流转税÷营业收入

综合税负率＝税额合计÷营业收入

税改后销项税额＝基础业务÷(1＋11%)×11%＋增值业务÷(1＋6%)×6%＋商品销售÷(1＋17%)×17%＋有形动产租赁业务÷(1＋17%)×17%

税改后进项税额＝(维护费等运行成本＋存货购进成本＋电费＋办公费等)÷(1＋17%)×17%＋网间结算支出等÷(1＋11%)×11%＋水费÷(1＋13%)×13%＋(广告费＋咨询服务费等)÷(1＋6%)×6%（考虑资本支出时，再加上固定资产和无形资产的可抵扣进项税额）

增值税＝销项税额－进项税额

由上可知：

在不考虑资本投资的情况下，营业收入下降9.89%，营业成本及费用下降6.06%，营业收入的下降幅度大于营业成本和费用的下降幅度，因此净利润会大幅下降，达31%。营业税由增值税代替后，流转税税额上升54.48%，流转税税负率由原先的3.22%上升至5.52%，升幅很大。由于所得税的抵减效应，税额合计上升27.57%，综合税负率上升约2个百分点。可见，中国联通成本费用中进项税额抵扣不足，导致营改增对其的负面影响较大。

在考虑资本投资时，由于工程设备和材料作进项税额抵扣的不确定性，我们不妨分80%可抵扣和50%可抵扣来讨论。如果80%的工程设备和材料可作进项税额抵扣，那么流转税税负率仅上升约0.2个百分点，而综合税负率则由5.17%下降至5%。如果50%的工程设备和材料可作进项税额抵扣，那么流转税税负率就会上升1.71个百分点，而综合税负率会上升0.67个百分点。可见，固定资产投资是否可作进项税额抵扣对于电信企业来说有着非常重要的意义，足够的抵扣量可以减少企业综合税负，改善其现金流状况。

增值税采用的是“以票控税”的方式，如果不能取得增值税专用发票，则不能作进项税额抵扣。在假设20%不能取得专用发票（此时假设工程设备和材料80%可以抵扣）时，流转税税负率由3.22%上升至4.93%，升幅达52.92%；综合税负率也上升了1.5个百分点；相对于完全取得专用发票的情况，其流转税税负率上升1.52个百分点。可见，取得增值税专用发票在营改增之后显得十分重要，这要求企业在管理流程中应对增值税专用发票的取得加以重视。

第二，对中国联通等电信运营商的建议。

一是加强流程管理，力争取得增值税专用发票。由上文分析可知，不能取得增值税专用发票对其税负状况存在着很不利的影响。企业在日常运营中，应当尽量保证允许抵扣的成本费用均能取得专用发票，如尽量与一般纳税人合作、外包部分业务等。

二是积极“走出去”，充分利用免税政策。营改增前向境外单位提供电信业服务征收营业税，而营改增后向境外单位提供电信业服务免征增值税。这是营改增为电信企业带来的一项税收优惠，同时也是鼓励其“走出去”的重大举措。境内电信企业应当充分利用该优惠政策，积极开拓海外业务，这样在降低税负的同时也能增强其国际竞争力。

三是加快技术的更新换代。保持技术的持续进步，一方面会缩短固定资产和无形资产的维护和更新周期，以享受资本投资的进项税额抵扣；另一方面可以利用先进的技术在定价上取得一些优势，利用价格将税负的不利影响向下游转移。否则，在激烈的市场竞争中，无故提高价格难以为消费者所接受，税负的不利影响企业只能自己消化。

四是适当改变营销政策。如对于上文提到的“视同销售”，企业在营销活动中需要考虑其影响。以“充话费送食用油”活动为例，赠送的食用油可能面临视同销售而被征收增值税的问题；而政策规定以积分兑换形式赠送电信服务，不征收增值税。企业在营销活动中，需要考虑营改增后政策的规定，积极合法地避税。

（案例来源：根据《财会月刊》2015 年第 7 期《以中国联通为例看“营改增”对电信业的财务影响》改写）

| 第六章 |

文化创意行业营改增实务操作

文化创意产业是21世纪新兴“朝阳产业”“黄金产业”，但我国文化创意产业尚处于初步发展阶段，需要面对国内外众多的挑战，税收政策无疑是推动我国文化创意产业快速发展的一项重要手段。这里重点分析营改增对文化创意企业的影响，并对文化创意企业营改增中的税务筹划进行探讨。

第一节　营改增对文化创意企业的影响及对策

2013 年 8 月 1 日，营改增工作在全国范围内对交通运输业与部分现代服务业开展，其中文化创意企业因隶属于现代服务业而被列入营改增范围内。下面将探讨营改增对文化创意企业的影响及对策。

◎ 营改增对文化创意企业的影响

第一，对文化创意企业财务管理的影响。

一是增值税专用发票难以取得，抵扣链条断裂。文化创意服务一般具有流动性大、材料品种多等特点，因此文化创意企业面临着复杂的社会环境和市场环境。由于营改增仅在部分地区的部分行业中开展，一些企业从外部购入的货物和劳务是无法进行抵扣的，同时，一部分供应商可能无法出具合规的发票，这使得企业难以从上游取得增值税专用发票，从而无法享受增值税抵扣优惠政策。因此，在营改增初期，会出现抵扣不完全的现象，部分企业的税负在短期内不减反增。

二是人工成本较高的企业税负不减反增。由于文化创意企业涉及业务范围广，在成本结构、发展时期、经营策略等方面存在差异，在营改增的初期，企业税负变化不尽相同，部分文化创意企业税负不减反增。对于从事广告设计、会议展览、网站设计等业务的企业，硬件投入少，往往都是通过投入大量人力、脑力来进行创意设计等服务，营改增后，由于人工成本无法抵扣，反而会造成企业税负的增加。例如，广告创意公司主要成本构成中固定成本和人工成本比较高，如人员工资、房屋租金、通信费用等成本不能产生进项税，仅办公用品、电脑设备、水电费等费用可以抵扣，其成本可抵扣的项目比重过低，在中心商务区租用办公室的租金很高，但却属于营业税范畴，企业所承担的税收负担并没有减少。

三是跨省经营的企业难以汇总纳税。营改增后，部分跨省经营的文化创意企业希望将分支机构的税款进行汇总，从而得以享受试点地区相关增值税抵扣优惠政策，然而，企业总机构与分支机构的营业税和增值税都由属地征收，分支机构需要经国家税务总局或其授权的税务机关批准才可以进行汇总纳税。根据《增值税暂行条例》规定，企业取得的增值税发票进项税额只能在企业法人机构所在地进行抵扣，因此，企业取得的增值税发票名称必须与企业法人机构全称一致。跨地区经营汇总纳税企业预缴申报时，部分企业填报的纳税人识别号、纳税人名称不规范，主要问题是纳税人识别码过短或过长以及纳税人名称不完整等。各地的增值税清算工作量大，难度相应也很大，很少有企业能够获准汇总纳税。

第二，对文化创意企业竞争战略的影响。

一是试点地区文化创意企业获得业务更为容易。根据现行规定，试点地区以外的增值税纳税人向试点企业采购服务，可以抵扣进项税，而如果该企业向非试点企业采购，则无法抵扣进项税。试点地区文化创意企业因而可以获得更多的业务订单，并且非试点地区企业会将大量服务业务置于试点地区，甚至将企业迁到试点地区，从而通过内部关联方交易享受增值税抵扣的优惠，这促进了试点地区文化创意产业的发展。

二是推动文化创意产业国际化发展。按照原有营业税征收制度，服务贸易出口在我国要征收营业税，在进口国还需按照当地税收政策缴纳相应的税费，阻碍了我国文化创意产业走出国门的步伐。营改增之后，税务机关对国际运输服务、向境外单位提供的研发服务和设计服务，适用增值税零税率，实行免抵退税办法，即对提供服务的销售收入免征增值税，允许企业抵减提供服务对应的外购业务所含的增值税额，未抵减完的部分予以退税，这大大促进了文化创意企业发展境外业务。

◎ 文化创意企业营改增政策分析

文化创意产业是一种在经济全球化背景下产生的，以创造力为核心的新兴产业，强调主体文化因素，依靠个人和团队，通过技术、创意以及产业化的方式开发、营销知识产权。在我国，文化创意产业在产业结构中占有越来越重要的地位。2012 年 1 月 1 日，以上海为试点实施的营改增税费改革政策中就包括了文化创意产业所属的部分现代服务业。自 2012 年 8 月 1 日起，试点范围由上海市逐渐扩大至北京市、天津市、江苏省、浙江省、安徽省、福建省、湖北省、广东省八个省、直辖市，以及宁波、厦门、深圳三个单列市。到 2013 年 8 月 1 日，试点范围扩大到全国，即文化创意产业已全面实施营改增政策。被纳入文化创意服务的包括设计服务、商标和著作权转让服务、知识产权服务、广告服务和会议展览服务。自营改增以来，对税费改革是否会降低文化创意企业税负的问题一直存在争论。事实上，企业如果能合理地利用营改增政策进行税务筹划，是可以达到减轻税负的目的的。

根据国家税务总局的公告，文化创意产业改征增值税后税率为 6%，征收率为 3%，纳税人应税服务年销售额不超过 500 万元（包含 500 万元）的为小规模纳税人。应税服务年销售额是指纳税人在连续不超过 12 个月的经营期内累计应征增值税销售额；如果该销售额为含税的，则应按照适用税率或征收率换算为不含税销售额。小规模纳税人的应税服务年销售额的计算公式为：应税服务年销售额 = 连续不超过 12 个月应税服务收入合计 ÷（1 + 3%）。应税服务年销售额超过 500 万元的，应向国税主管税务机关申请办理一般纳税人资格认定。

文化创意企业在营改增之前缴纳的是营业税，税率为5%，单从税率上看，营改增之后小规模纳税人的税率下降了，而一般纳税人的税率上升了。但是营业税是价内税，计税销售额是包含营业税的；而增值税是价外税，计税销售额中不包含增值税。另外，由于一般纳税人可抵扣进项税额，所以若一般纳税人进行合理的税务筹划是能够减轻税负的。

◎ 会计核算和发票管理面临的挑战

营改增之后，文化创意企业无论在税率、税制还是征收管理上都和以前有了很大的不同，税费的改革使其在会计核算和发票管理上面临着和以往不同的挑战。

第一，会计核算面临的挑战。

我国企业会计制度与税法之间一直存在着差异，按照税收法规的要求，税务处理与会计处理之间存在差异的，在进行纳税申报时一律按照税法的规定核算，这就对会计核算产生了影响，增加了会计核算的难度。

各项税费中以增值税和企业所得税的核算最为复杂。增值税一般纳税人涉及增值税销项税额的计算和增值税进项税额的抵扣，以及不可抵扣项目确认。而营改增之前，文化创意企业按5%的税率征收营业税，计入营业税费及附加，计税费额就是含税的销售额，一般不需要换算，核算比较简单。营改增之后，对于一般纳税人，要求核算清楚销项税额和进项税额以及不可抵扣税额，计税基础为不含税销售额，在实务中往往需要将含税销售额换算为不含税销售额。增值税是价外税，对企业成本没有影响；而营业税是价内税，直接影响了营业税费及附加，进而影响企业所得税的计算与缴纳。一般纳税人除了一般核算，也可能采用简易征收法进行核算，需要通过征收率来计算增值税。因此对文化创意企业来说，营改增之后如何进行正确的税务处理与会计处理是企业面临的一项挑战。

第二，发票管理面临的挑战。

营业税的发票管理没有增值税那么严格，因为增值税进项税额可用于抵扣销项税额，因此增值税发票管理非常重要，也有着严格的规定。一般纳税人必须采用税控系统开具增值税发票，根据具体情况开具专用发票或者普通发票。要进行进项税额抵扣必须拿专用发票的抵扣联进行认证，认证的期限是自取得专用发票之日起 180 日内，并在认证通过的次月进行申报抵扣。

◎ 文化创意企业应对营改增的对策思考

第一，认真研究相关政策文件，积极争取相关政策优惠。

文化创意企业应密切关注相关政策动态，主动核对自身信息，最大限度地享受相关政策优惠。营改增之后，文化创意企业税负的变化不但取决于企业自身发展阶段、市场环境等，还取决于是否能享受到相关的税收优惠等一系列配套措施。目前，各个部门都针对改革初期可能出现的部分企业税负增加的情况，出台了过渡性财政扶持政策。企业在认真学习相关税法知识的同时，还要积极主动地与财税部门联系，争取享受配套的政策优惠。

第二，关注主要纳税风险。

企业需要加强会计人员管理，努力培养复合型会计人才，提升会计工作人员的专业素质和业务水平，这是适应改革的必由之路。同时调整企业内部会计核算管理制度，提高会计工作效率和质量，关注营改增引起的新的纳税风险，尤其是以下几个方面：

一是一般纳税人认定标准发生变化。部分企业符合一般纳税人条件，应及时认真研究营改增政策，根据纳税申报的相关规定，积极主动办理一般纳税人资格认定手续。抓住由小规模纳税人转变为一般纳税人这一契机，调整企业运转模式，规范业务流程，把企业做大做强，提升企业的综合竞争力。

二是取得合规合法的进项抵扣发票。进项税额的取得至关重要，企业应尽量选择财务核算健全、能够开具增值税专用发票的供应商和服务商，从而获得充足的可抵扣进项税额，使税负降低。

三是加强增值税专用发票管理。任何单位都不可虚开、伪造增值税专用发票。企业如果是小规模纳税人，在提供应税服务时，若对方索取增值税专用发票，则应向主管税务机关申请代开。

第三，立足当下经营环境，把握未来发展趋势。

全面评估本次营改增税制改革对企业造成的影响，及时开展应对策略，文化创意企业要积极应对营改增政策的施行，制定周密细致的业务流程预算，加强包括材料物资的采购使用在内的各项管理，调整企业的产业结构，逐步降低人工成本，梳理上下游产业链，重视增值税的筹划与核算。要把营改增视作企业发展的一个契机，改变经营理念，改革创新，促使企业加强内部控制，提升管理水平。

总之，在我国文化创意产业初步发展的阶段，营改增很大程度上推动了其发展，在一定程度上减免了税收，有利于改善文化创意产业的市场环境，加快企业经营创新节奏。文化创意企业应把握时机，积极改善经营战略，朝规范化、规模化、国际化方向发展。

第二节　文化创意企业营改增中的税务筹划

从 2013 年 8 月 1 日起，全国范围内的文化创意类企业执行营改增政策，该行业一般纳税人增值税进项税额的抵扣和营改增前后税负的增减成为人们关注的焦点。文化创意企业通过专用发票的管理、增加进项税额的抵扣项目等方法进行合理的税务筹划，可以有效地减轻税负。

◎ 考虑供应商能否提供增值税专用发票

营改增之后成为增值税一般纳税人的文化创意企业，其增值税进项税额可以从销项税额中抵扣，因此对企业来说，购进时取得增值税专用发票非常重要。企业在考虑供应商时除了要考虑商品的价格，还要考虑供应商是否能提供增值税专用发票。如果供应商是小规模纳税人，为了增加竞争力，可能会考虑降低商品或服务的价格，以此提高销售量。所以，文化创意企业在选择供应商时可以进行税务筹划，比较一般纳税人供应商的价格和小规模纳税人供应商的价格，同时将可抵扣项目考虑进去，计算税负平衡点，以此确定该选择哪家供应商。

◎ 增加抵扣项目

将部分现代服务业纳入增值税征收范围后，生产领域和服务领域连接在了一起，完善了增值税链条。作为一般纳税人，营改增后增值税税率高于营改增前的营业税税率，要想降低税负还是要增加可抵扣的项目。例如，除购买电脑等固定资产外，购买办公用品时也要尽可能地取得增值税专用发票，增加可抵扣项目。在委托外单位加工时，尽量选择一般纳税人，以取得应税劳务或服务的增值税专用发票。再如，委托加工广告标志牌的劳务费、运输广告牌的运输费，都可以取得增值税专用发票用于抵扣销项税额。此外，营改增之后文化创意企业的增值税税率为6%，如能取得加工或生产企业适用税率为17%的专用发票，或者是取得交通运输业适用税率为11%的专用发票进行抵扣，则对降低税负能起到非常大的作用。

除此之外，根据《增值税暂行条例》的规定，企业自2009年1月1日之后购进的固定资产进项税额可以抵扣。文化创意类企业固定资产中占比最大的就是各种电子设备，如电脑、打印机、投影仪和各种视频制作设备，这类设备更新速度较快，有的企业为提高工作效率，一至两年就会更换一次。营改增之前，企业更新电子设备往往较慢，因为没有抵税的效果；营改增之后，特别是成为一般纳税人之后，企业可以根据需要每年更换一批电子设备，这样既提高了办公的效率又增加了增值税可抵扣项目，降低了税负。文化创意企业对电子设备的性能要求比普通办公电子设备的要求更高，因而价格也比普通办公电子设备的高，但由于可以抵扣进项税额，企业在购买或更换电子设备时的顾虑就会更少。

◎ 考虑产品或服务的定价

文化创意企业成为增值税一般纳税人后适用6%的税率，在对所提供的服务或产品定价时要考虑税率变化的影响。营改增前文化创意企业适用的税率为5%，如果提供服务的价格是100万元，则其中约4.76万元为营业税；营改增之后，100万元服务的增值税销项税额为5.66万元。因此，企业在改征增值税后定价时要考虑税率变化的影响，合理制定应税服务的价格。

◎ 充分利用税收优惠政策

企业税务筹划最有效、最合理的方法就是充分利用税收优惠政策。国务院发布的《关于推进文化创意和设计服务与相关产业融合发展的若干意见》（国发〔2014〕10 号）中规定，对纳入增值税征收范围的文化服务出口实行增值税零税率或免税政策。财政部、海关总署、国家税务总局联合发布的《关于继续实施支持文化企业发展若干税收政策的通知》（财税〔2014〕85 号）中规定：除另有规定外，自 2014 年 1 月 1 日至 2018 年 12 月 31 日，新闻出版广电行政主管部门（包括中央、省、地市及县级）按照各自职能权限批准从事电影制片、发行、放映的电影集团公司（含成员企业）、电影制片厂及其他电影企业取得的销售电影拷贝（含数字拷贝）收入、转让电影版权（包括转让和许可使用）收入、电影发行收入以及在农村取得的电影放映收入免征增值税。一般纳税人提供的城市电影放映服务，可以按现行政策规定，选择按照简易计税办法计算缴纳增值税。

此外，自 2013 年 8 月 1 日起，对增值税小规模纳税人中月销售额不超过 2 万元的企业或非企业性单位，暂免征收增值税。

【案例分析】

江苏加减品牌咨询管理有限公司营改增税务筹划

江苏加减品牌咨询管理有限公司（以下简称加减品牌）是集品牌战略规划、文化咨询、形象设计、传播推广于一体的综合全案类创意型智业服务机构。该公司于 2001 年创立于常州，在南京、北京、上海三地设有分支机构，已发展成为以综合、金融、城镇、文化品牌服务为主导的企业，目前有员工 150 余人。该公司在常州的总公司于 2012 年 10 月江苏省开始试点执行营改增政策时就已经申请认定为一般纳税人，经过不断的摸索和改进，该公司在增值税纳税申报和税务筹划方面积累了一些经验。下面以该公司接受某制药有限公司的导视制作安装业务为例来进行纳税筹划分析。

某制药有限公司委托加减品牌为其设计导视牌，如果只进行导视牌设计工作而不负责制作与安装工作，则服务价款为10万元；如果既设计导视牌，又负责制作与安装，则服务价款为31万元。

第一，经营业务的税务处理分析。

若只进行导视牌设计，项目总金额只有10万元，但是成本相应也较少，因为文化创意企业设计服务部分的成本主要是人工成本，即员工的工资、加班费或差旅费。设计并制作安装项目的价款较高，但是成本相应也较高，除了设计部分的成本，还有制作成本和安装成本。企业在考虑采用何种方式接受这笔业务时除了要考虑项目成本，还要考虑可抵扣的增值税进项税额。

加减品牌为增值税一般纳税人，适用6%的税率。公司如果只负责设计工作，成本虽然较少，但是增值税可抵扣的项目也较少，目前人工成本是不可抵扣的，差旅费中的客运和住宿费还没有纳入营改增范围，也无法进行进项税额抵扣，只有办公用品的进项税额可用于抵扣，但数额较小。而负责设计并制作安装业务的营业收入高，同时成本也会相应增加，但是如能取得增值税专用发票，增加抵扣项目，则可以降低应纳增值税税额。

第二，税务筹划。

下面对此业务进行成本分析，并通过税务筹划来说明：文化创意企业营改增后，通过增加抵扣项目可以降低税负。

该项目人工成本约为2万元，办公用品为5000元（取得增值税专用发票），制作成本为192580元，其中30390元可取得17%抵扣率的增值税专用发票，162190元可取得3%抵扣率的增值税专用发票。假设以上数字都是含税的。同时，假设方案一为设计项目，方案二为设计并制作安装项目，则两种方案的成本与利润如下：采用方案一，收入为10万元，人工成本为2万元，办公费为5000元，利润为7.5万元；采用方案二，收入为31万元，人工成本为2万元，办公费为5000元，制作成本为192580元，利润为92420元。

（案例来源：根据《财会月刊》2015年第4期《“营改增”背景下的文化创意企业税务筹划——以江苏JJ品牌咨询管理有限公司为例》改写）

| 第七章 |

建筑行业营改增实务操作

在营改增扩围中，建筑业的情况比较特殊。营改增后，建筑业纳税人将分为增值税一般纳税人（年销售收入500万元以上及其他符合规定的纳税人）和小规模纳税人。一般纳税人税率为11%，小规模纳税人及选择适用简易计税方法的一般纳税人税率为3%。

第一节　破解建筑业营改增实操难题

有业内人士分析指出，在建筑业“营改增”推进的过程中，还存在几个难题有待解决：纳税地点是怎么确定的？纳税义务时间是怎么确定的？建筑业营改增的发票风险是什么？为什么说企业账务处理的难度增大了？营改增涉及的分包问题有哪些？如何解决合同金额和付款金额不一致问题？建筑业和房地产业对新老项目的认定是否一致？对于这些问题，下面我们一一作答。

◎ 纳税地点是怎么确定的？

建筑行业跨地区经营的情况非常普遍，营改增后，建筑业纳税地点及税收归属问题成为各方关注的焦点。根据现行营业税政策规定，纳税人提供建筑劳务，应当向劳务发生地税务机关纳税。以建筑劳务发生地为纳税地点，符合建筑作业流动性大、施工复杂的特点，也便于税收征管。营改增后，在机构所在地纳税还是在劳务发生地纳税，迫切需要明确。如果选择在劳务发生地纳税，就会对施工企业的财务核算能力提出很高的要求；而如果选择在机构所在地纳税，又会使企业所在地的税务机关因无法确切掌握异地工程的施工进度、财务状况等实际问题，而难以监管到位。

◎ 纳税义务时间是怎么确定的？

根据现行营业税政策，纳税义务的发生时间为纳税人提供应税劳务、转让无形资产或者销售不动产并收讫营业收入款项，或者取得索取营业收入款项凭据的当天。但现实情况是，建筑业存在预付工程款、合同完成后一次性结算价款，以及大型项目采用的按工程进度支付款项并在竣工后清算等结算方式。营改增完成后，肯定会出现大量工程施工与营业收入不匹配、税款征收入库波动大的现象。要如何确定纳税义务发生的时间，也是需要关注的问题。

◎ 建筑业营改增的发票风险是什么？

按照有关规定，一般纳税人取得增值税专用发票的，应在开具之日起180日内到税务机关办理认证，并在认证通过的次月申报期内，向主管税务机关申报抵扣进项税额。未在规定期限内到税务机关办理认证、申报抵扣的，不得作为合法的增值税扣税凭证计算进项税额抵扣。这对建筑企业的纳税和抵扣风险意识提出了更高的要求。

此外，增值税发票历来是发票管理的重点对象，也是发生经济违法案件较多的票种之一，因此，营改增后，对建筑业发票管理的要求也大大提高。一旦发票管理不善，就可能给企业带来违法犯罪和多缴税款的风险。首先，建筑企业存在取得增值税专用发票无法抵扣的风险。现实中，无法抵扣的增值税专用发票主要有以下几种类型：上游已定性为虚开的、经鉴定为伪造的、被证明为非税务机关出售的、通过金税系统发现的“失控”和“作废”票，以及走逃企业开具的、未报税的增值税专用发票等。其次，建筑企业存在虚开增值税专用发票的风险。增值税专用发票除了具有一般发票的销售凭证作用，还具有抵扣税额的作用。在利益的驱使下，营改增后，一些建筑企业的虚开行为可能会进入爆发期。

针对建筑业上游很多行业难以取得发票的情况，增值税政策下一步必须要对其进行规范，否则这些行业的市场会越来越小。如果这些行业中有一家企业首先规范起来，市场前景肯定会越来越大。但这并不是建设单位现在就能考虑的问题。

◎ 为什么说企业账务处理的难度增大了？

营改增后，只有账务处理规范的企业才能正确进行纳税申报，这会给建筑企业的财务工作带来新的挑战。财务人员将面临新旧税制衔接、税收政策变化、具体业务处理和税务核算转化等难题。由于建筑企业财务人员的业务素质和职业操守参差不齐，可能会在税收政策的理解、相关业务的会计核算、税收的申报缴纳等方面产生偏差，从而给企业带来财务核算不合规、纳税申报不准确等风险。

同时，营改增也对建筑企业的账务处理提出了新要求。增值税采用抵扣的核算模式，其应纳税额等于销项税额减进项税额，需增加 10 多个会计科目，比之原来，核算难度大大增加。营改增不仅改变了建筑企业的会计核算体系，同时还使开票系统、报税系统、认证抵扣、税款缴纳等的操作方式都发生了变化，企业的账务处理稍有不慎，便会产生风险。

◎ 营改增涉及的分包问题有哪些？

第一，分包商是否适用简易征收？

总分包工程之间是以《施工许可证》为依据，而不是以总分包合同签订时间为依据的，如果项目开工日期是 4 月 30 日之前，则总包方增值税可以简易征收，分包方增值税同样也可以简易征收，因为大家是在共同服务于一个项目，而不是针对某一个合同。

第二，企业该如何应对劳务分包这部分成本？

关于劳务分包这部分成本，一定要核算清楚，因为增值税征收的最主要部分就是人工和增值部分。人工部分本身是增值税的计税基础，也是增值税的征税基础，现在所有看到、使用到的产品，都是由直接材料、直接人工和制造费用组成的，直接人工就是材料的增值部分。

要想取得劳务分包的发票，可通过劳务派遣公司走正规的途径。以前整个劳务分包没有发票，5%的劳务分包税率都是虚的，甚至连一分钱都不用缴，现在需要开增值税专用发票，税率直接提高到6%，对企业来说税负增加了很多，所以前一段时间出台了劳务派遣公司可以差额纳税的政策，现在这个政策还可以继续，以抵扣增值税的进项。

其实劳务分包原来的税负就是0，个人通过工资表的形式或是白条的形式来列支劳务费，现在直接提高到6%，将导致利润点降低6个百分点，这对于企业来说显然是非常沉重的负担。

第三，清包工、甲供工程则到底有什么区别？

清包工是不包主料，只包人工和辅料。甲供工程则可能有十种主料，甲方供一种或是两种，其他的主料由乙方和施工单位进行采购。清包工主要以人工为主，甲供工程则可能会涵盖许多材料。

◎ 如何解决合同金额和付款金额不一致问题？

施工合同中书面合同约定的付款金额与实际付款不一致的，应该按合同约定金额还是收款额确定计算增值税？例如，某房建施工企业与房地产开发企业签订施工合同，合同造价2000万元，第一期计量合同约定付款金额为1000万元，因房地产开发企业资金紧张，第一期计量施工企业仅收到500万元，那么施工企业纳税申报时是按1000万元，还是按收到500万元计税？

合同金额和付款金额不一致的情况，在建筑业里非常普遍。如果最终收到的款项和合同约定的金额不一致，最终要签订一个补充协议，使合同金额和发票金额保持一致，这样才能够使得增值税核算没有任何的风险，不然如果合同金额和发票金额不一致，后期的税收检查过程就会有很大的麻烦。

很明显，如果1000万元的合同的约定付款时间已到，但因为房地产企业资金紧张没有支付，计税时就仍然按照1000万元，而不能按照实际收到的500万元来计税。

◎ 建筑业和房地产业对新老项目的认定是否一致？

建筑业和房地产业在税收上都是以《施工许可证》注明的2016年5月1日为节点来认定新老项目的，5月1日之前认定为老项目，5月1日之后认定为新项目。房地产企业对于某个项目选择了简易征收，并不一定意味着建筑业也要选择简易征收。但房地产企业认定一个项目是老项目，则建筑业也应该认定这个项目是老项目。如果房地产企业认定是老项目，选择简易征收，则建筑业再选择一般计税，开增值税专用发票，是没有用的，房地产企业不能进行抵扣，建筑业将白白损失8%的销项税。

建设单位和房地产单位对于同一个项目理论上可以选择不同的计税方式，但实际上应选择同一种计税方式，因为一个项目只会有一个《施工许可证》，房地产企业以《施工许可证》为准，建设单位也是以《施工许可证》为准，这与对于一个项目的判断是完全一致的。

但是建筑业中装饰业的施工日期跟建造主体的施工许可证上的日期是不一样的，那么，对项目的认定会有影响吗？

《施工许可证》上的开工日期只有一个，对于工程是一样的，装饰企业也好，施工企业也好，安装企业也好，都适用同一个《施工许可证》，因此，装饰企业可能在“营改增”之后很长时间里都会用到《施工许可证》上的日期。

这个日期的作用仅仅是作为选择计税方式的时间点，并不是这个日期定下来，就一定要按某一种方式进行计税。

第二节　建筑业营改增中税务核算应注意的事项

全面推开营业税改征增值税试点的实施办法及配套政策近日终于公布。自2016年5月1日起，在全国范围内全面推开营改增试点，建筑业、房地产业、金融业、生活服务业等全部营业税纳税人均纳入试点范围，由缴纳营业税改为缴纳增值税。下面介绍一下营改增中建筑业税务核算应注意的几点事项。

◎ 建筑业增值税一般纳税人与小规模纳税人的选择

假设增值税一般纳税人提供建筑业应税劳务收入为S，增值率为R，则抵扣率为1 − R，税率为11%，且一般纳税人所购劳务、货物均可以抵扣进项税额；小规模纳税人的征收率为3%，客户接受劳务的金额不变。仅考虑增值税不考虑其他税种的情况下，两种方式下，纳税人流转税税负相等的表达式如下：

$$\{[S\div(1+11\%)-S\times(1-R)\div(1+11\%)]\times 11\%\}\div S=[S\div(1+3\%)\times 3\%]\div S$$

R = 29.39%，即增值率超过29.39%（可抵扣率低于70.61%）时，小规模纳税人税负较小，否则，一般纳税人税负较小。税收筹划增值率超过29.39%时，营改增项目应投资新成立小规模企业。但是建筑企业在确定纳税人资格时也要考虑下列因素来决定是否申请认定为一般纳税人。

一般纳税人以清包工方式提供的建筑服务，可以选择适用简易计税方法计税。以清包工方式提供建筑服务是指施工方不采购建筑工程所需的材料或只采购辅助材料，并收取人工费、管理费或者其他费用的建筑服务。

一般纳税人为甲供工程提供的建筑服务，可以选择适用简易计税方法计税。甲供工程是指全部或部分设备、材料、动力由工程发包方自行采购的建筑工程。

一般纳税人为建筑工程老项目提供的建筑服务，可以选择适用简易计税方法计税。

◎ 设备租赁支出取得的进项抵扣不足

目前实务中大部分建筑企业除将劳务分包给劳务公司外，同时还可以从劳务公司获取模板、管架等机具租赁服务，并且这部分支出在成本中也占有较大的份额。根据规定，有形动产租赁增值税税率为 17%，而租赁企业利润率大部分低于 17%，因此很多租赁企业只申请成为小规模纳税人，缴纳 3% 的增值税。一旦租赁业为小规模纳税人，建筑企业可抵扣的进项税额势必会减少，从而加大建筑企业实际纳税额并增加建筑业的税负。

因此，要求建筑企业在选择租赁对象时尽量选择增值税一般纳税人，因其可以提供税率是 17% 的专用发票进行抵扣。

◎ 零星材料因无法取得进项税发票而无法进行抵扣

建筑企业的供应商及材料种类“散、杂、小”，如砂、石、砖、白灰、土方及其他零星材料等基本上由个人、小规模纳税人供应，购买的材料没有发票或者取得的发票往往不是增值税专用发票。这样会因无法抵扣进项税而增加成本，因此建筑企业在采购材料时应尽量选择增值税一般纳税人，增加抵扣以降低成本。

◎ 工程款拖欠支付导致无法及时足额取得增值税专用发票抵扣

实务中工程完工后甲方往往并不立即支付工程款给建筑企业，而是滞后一段时间，从而导致销项税和进项税不同步。税务机关对建筑企业收入的确认，一般都是按合同约定或结算收入来确认的。企业不仅需要垫付工程项目建设资金，还要垫付未收回部分工程款项的税费。又由于未收回工程款，建筑企业也会拖延分包商、材料商的款项支付，无法开具增值税专用发票，使分包商和材料商也无法进行抵扣。因此，实务中企业应防止因为工程款的拖欠导致企业无法及时足额取得增值税专用发票的情况，建筑企业要及时评估款项回收情况，如果无法按照合同规定回款则应及时补充或变更协议，修改合同中的付款日期。

◎ 施工现场修建的临时建筑物、构筑物，其进项税额可以完全抵扣

根据财税〔2016〕36 号文规定，适用一般计税方法的试点纳税人，2016 年 5 月 1 日后取得并在会计制度上按固定资产核算的不动产，或者 2016 年 5 月 1 日后取得的不动产在建工程，其进项税额应自取得之日起分两年从销项税额中抵扣，第一年抵扣比例为 60%，第二年抵扣比例为 40%。

在施工现场修建的临时建筑物、构筑物，其进项税额不适用上述分两年抵扣的规定。因此施工现场修建的临时建筑物、构筑物，其进项税额可以完全抵扣，而施工企业本身在取得不动产发票时，相关进项税额自取得之日起分两年从销项税额中抵扣，第一年抵扣比例为 60%，第二年抵扣比例为 40%，不允许一次全额抵扣。

【案例分析】

十个案例让你更懂建筑业的“营改增”

1. 甲建筑公司为增值税一般纳税人，2016 年 5 月 1 日承接 A 工程项目，5 月 30 日发包方按进度支付工程价款 222 万元，该项目当月发生工程成本 100 万元，其中购买材料、动力、机械等取得的增值税专用发票上注明的金额为 50 万元。甲建筑公司对 A 工程项目选择适用一般计税方法计算应纳税额，该公司 5 月需缴纳多少增值税？

答：一般计税方法下的应纳税额 = 当期销项税额 - 当期进项税额。

该公司 5 月销项税额为 222 ÷ （1 + 11%） × 11% = 22（万元）；

该公司 5 月进项税额为 50 × 17% = 8.5（万元）；

该公司 5 月应纳增值税额为 22 - 8.5 = 13.5（万元）。

2. 甲建筑公司为增值税一般纳税人，2016 年 5 月 1 日以清包工的方式承接 A 工程项目（或为甲供工程提供建筑服务），5 月 30 日发包方按工程进度支付工程价款 222 万元，该项目当月发生工程成本 100 万元，其中购买材料、动力、机械等取得的增值税专用发票上注明的金额为 50 万元。甲建筑公司对 A 工程项目选用简易计税方法计算应纳税额，5 月需缴纳多少增值税？

答：企业以清包工的方式提供建筑服务或为甲供工程提供建筑服务可以选用简易计税方式，其进项税额不能抵扣。应纳税额 = 销售额 × 征收率。该公司 5 月应纳增值税额为 222 ÷ (1 + 3%) × 3% = 6.47（万元）。

3. 甲建筑公司为增值税一般纳税人，2016 年 5 月 1 日承接 A 工程项目，5 月 30 日发包方按进度支付工程价款 222 万元，A 项目当月发生工程成本 100 万元，取得的增值税专用发票上注明的金额为 50 万元，税率为 17%。同月 3 日承接 B 工程项目，5 月 31 日发包方支付工程价款 111 万元，B项目工程成本为80万元，取得的增值税专用发票上注明的金额为60万元，税率为17%。甲建筑公司对两个工程项目均选择适用一般计税方法计算应纳税额，该公司5月需缴纳多少增值税?

答：如果建筑企业承接的工程没有选择简易计税方法计算应纳税额，则在纳税申报时无须分项目计算增值税应纳税额，应汇总每月各项目可确认的销项税额和进项税额，以汇总销项税额减去汇总进项税额后的余额为应纳税额。

该公司5月销项税额为 $(222+111)\div(1+11\%)\times11\%=33$（万元）；

该公司5月进项税额为 $(50+60)\times17\%=18.7$（万元）；

该公司5月应纳增值税额为 $33-18.7=14.3$（万元）。

4. 甲建筑公司为增值税一般纳税人，2016年5月1日承接A工程项目，5月30日按发包方要求为所提供的建筑服务开具增值税专用发票，开票金额200万元，税额22万元（或5月30日与发包方、监理方共同验工计价，确认工程收入为222万元），该项目当月发生工程成本100万元，其中购买材料、动力、机械等取得的增值税专用发票上注明的金额为50万元。发包方于6月5日支付了222万元工程款。甲建筑公司对A工程项目选择适用一般计税方法计算应纳税额，该公司5月需缴纳多少增值税?

答：增值税纳税业务发生时间为纳税人发生应税行为并收讫销售款项或者取得索取销售款项凭据的当天；先开具发票的，为开具发票的当天。

收讫销售款、取得索取销售款项凭据、开具发票，这三个条件采用孰先原则，只要满足一个，即发生了增值税纳税义务。

该公司5月销项税额为 $222\div(1+11\%)\times11\%=22$（万元）；

该公司5月进项税额为 $50\times17\%=8.5$（万元）；

该公司5月应纳增值税额为 $22-8.5=13.5$（万元）。

5. 甲建筑公司为增值税一般纳税人，2016年5月1日承接A工程项目，并将A项目中的部分施工项目分包给了乙公司，5月30日发包方按进度支付工程价款222万元。当月甲公司购进该项目材料取得的增值税专用发票上注明的税额为8万元；乙公司就其分包建筑服务开具给甲公司增值税专用发票，发票注明的税额为4万元。甲建筑公司对A工程项目选择适用一般计税方法计算应纳税额，该公司5月需缴纳多少增值税？

答：试点纳税人提供建筑服务适用一般计税方法的，以取得的全部价款和价外费用为销售额，其分包出去的工程应取得分包方开具的增值税扣税凭证据以抵扣。

该公司5月销项税额为222÷(1+11%)×11%=22（万元）；

该公司5月进项税额为8+4=12（万元）；

该公司5月应纳增值税额为22-12=10（万元）。

6. 甲建筑公司为增值税一般纳税人，2016年4月1日承接A工程项目（《建筑工程施工许可证》上注明的合同开工日期为4月10日），并将A项目中的部分施工项目分包给了乙公司。5月30日发包方按进度支付工程价款222万元。5月甲公司支付给乙公司工程分包款50万元。甲建筑公司对A工程项目选用简易计税方法计算应纳税额，5月需缴纳多少增值税？

答：《建筑工程施工许可证》上注明的合同开工日期在4月30日前的建筑工程项目为建筑工程老项目，可以选择适用简易计税方法，以取得的全部价款和价外费用扣除支付的分包款后的余额为销售额。

该公司5月应纳增值税额为（222-50）÷(1+3%)×3%=5.01（万元）。

7. 甲建筑公司为增值税小规模纳税人，2016年5月1日承接A工程项目，5月30日发包方按进度支付工程价款222万元，该项目当月发生工程成本100万元，其中取得的增值税发票上注明的金额为50万元。甲建筑公司5月需缴纳多少增值税？

答：小规模纳税人采用简易计税方法，其进项税额不能抵扣。

应纳税额=销售额×征收率

该公司5月应纳增值税额为222÷(1+3%)×3%=6.47（万元）。

8. 甲建筑公司为增值税一般纳税人，机构所在地为肥西县。2016年5月1日到肥东承接A工程项目，并将A项目中的部分施工项目分包给了乙公司，5月30日发包方按进度支付工程价款222万元。当月甲公司购进该项目材料取得的增值税专用发票上注明的税额为8万元；5月甲公司支付给乙公司工程分包款50万元，乙公司开具给甲公司增值税专用发票，税额为4.95万元。甲建筑公司对A工程项目选择适用一般计税方法计算应纳税额，该公司5月需缴纳多少增值税？

答：一般纳税人跨县（市）提供建筑服务，适用一般计税方法计税的，应以取得的全部价款和价外费用为销售额计算应纳税额。纳税人应以取得的全部价款和价外费用扣除支付的分包款后的余额，按照2%的预征率在建筑服务发生地预缴税款后，向机构所在地主管税务机关进行纳税申报。

该公司5月销项税额为222÷(1+11%)×11%=22（万元）；

该公司5月进项税额为8+4.95=12.95（万元）；

该公司5月应纳增值税额为22-12.95=9.05（万元）；

在肥东县预缴增值税为（222-50）÷(1+11%)×2%=3.1（万元）；

在肥西县全额申报，扣除预缴增值税后应缴纳税额为9.05-3.1=5.95（万元）。

9. 甲建筑公司为增值税一般纳税人，机构所在地为肥西县。2016年5月1日以清包工的方式到肥东承接A工程项目，并将A项目中的部分施工项目分包给了乙公司，5月30日发包方按进度支付工程价款222万元。当月甲公司购进该项目材料取得的增值税专用发票上注明的税额为8万元；5月甲公司支付给乙公司工程分包款50万元，乙公司开具给甲公司增值税专用发票，税额为4.95万元。甲建筑公司对A工程项目选择适用简易计税方法计算应纳税额，5月需缴纳多少增值税？

答：一般纳税人跨县（市）提供建筑服务，选择适用简易计税方法计税的，应以取得的全部价款和价外费用扣除支付的分包款后的余额为销售额，按照3%的征收率计算应纳税额。纳税人应按照上述计税方法在建筑服务发生地预缴税款后，向机构所在地主管税务机关进行纳税申报。

该公司5月应纳增值税额为 $(222-50)\div(1+3\%)\times3\%=5.01$（万元）；

在肥东县预缴增值税为5.01万元；

在肥西县全额申报，扣除预缴增值税后无须纳税。

10. 甲建筑公司为增值税小规模纳税人，机构所在地为肥西县。2016年5月1日到肥东承接A工程项目，并将A项目中的部分施工项目分包给了乙公司，5月30日发包方按进度支付工程价款222万元。5月甲公司支付给乙公司工程分包款50万元。甲建筑公司5月需缴纳多少增值税?

答：试点纳税人中的小规模纳税人跨县（市）提供建筑服务，应以取得的全部价款和价外费用扣除支付的分包款后的余额为销售额，按照3%的征收率计算应纳税额。纳税人应按照上述计税方法在建筑服务发生地预缴税款后，向机构所在地主管税务机关进行纳税申报。

该公司5月应纳增值税额为 $(222-50)\div(1+3\%)\times3\%=5.01$（万元）；

在肥东县预缴增值税为5.01万元；

在肥西县全额申报，扣除预缴增值税后无须纳税。

（案例来源：合肥市国税局）

| 第八章 |

房地产行业营改增实务操作

营改增是我国税制改革的重要举措，关乎国计民生，因此房地产企业应积极响应国家政策，做好全面准备，相信营改增定会给企业带来福音。本章分析了营改增后房地产开发企业财税处理的变化，提出房地产企业应对营改增的策略，并在利润核算、会计核算、IT 系统建设等方面为企业提供实战指南。

第一节　营改增后房地产开发企业财税处理的变化

房地产开发企业是我国国民经济的命脉，也是人民群众极为关注的行业，实施营改增之后，房地产开发企业的会计处理、会计利润、税负、发票管理有何变化呢？下面将为大家一一介绍。

◎ 会计处理的变化

房地产行业的会计处理在营改增前后有了很大的变化。在营改增之前，房地产开发企业按照“销售不动产”税目征收营业税，税率为5%。举例如下：

假设企业销售商品房取得销售收入1000万元，城市维护建设税、教育费附加、地方教育附加的税率分别为7%、3%、2%，则企业相关的会计分录：

借：银行存款　　10000000

　　贷：主营业务收入　　10000000

借：营业税费及附加　　500000

　　贷：应交税费——应交营业税　　500000

借：营业税费及附加　　60000

　　贷：应交税费——应交城市维护建设税　　35000

　　　　应交税费——应交教育费附加　　15000

　　　　应交税费——应交地方教育附加　　10000

在营改增后，房地产开发企业适用11%的增值税税率。同样的条件，相关的会计分录如下：

借：银行存款　　10000000

　　贷：主营业务收入　　9009000

　　　　应交税费——应交增值税（销项税额）　　991000

不考虑当月增值税进项税额的情况下，会计分录如下：

借：营业税费及附加　　118900

　　贷：应交税费——应交城市维护建设税　　69400

　　　　应交税费——应交教育费附加　　29700

　　　　应交税费——应交地方教育附加　　19800

◎ 会计利润的变化

仍引用上述的例子，通过分录可以看出，由于增值税属于价外税，不影响会计利润，因此在缴纳增值税的情况下，企业确认收入900.90万元，而在缴纳营业税的情况下，企业确认收入1000万元，销售收入下降9.91%。

假定不考虑营业成本，则缴纳营业税的情况下：

对利润总额的影响 = 1000 - 50 - 6 = 944（万元）

缴纳增值税的情况下：

对利润总额的影响 = 900.90 - 11.89 = 889.01（万元）

由此可见，在不考虑营业成本的情况下，营改增后，企业的会计利润有所下降。而如果考虑营业成本这一因素，则在采购环节的进项税额能否抵扣变得尤为重要。如果在采购环节企业无法取得增值税专用发票，则相关的进项税额得不到抵扣，相应的税费计入房地产开发成本，税费会进一步增加购入成本，从而进一步减少会计利润。而如果在采购环节能够取得增值税专用发票，从而使进项税额可以抵扣的话，企业的房地产开发成本则为不含税价款。原缴纳营业税时，采购环节的购买价款中已经包含了施工方的营业税额，因此，营改增会导致房地产开发企业的采购成本降低，相应的利润总额有可能高于原缴纳营业税时的情况。企业的可抵扣成本比例越高，毛利率的上升幅度就会越大。

◎ 税负的变化

营改增之前，房地产开发企业涉及的税种主要有营业税、房产税、土地增值税、契税、城镇土地使用税、企业所得税、印花税、城市维护建设税、教育费附加、地方教育附加等，其中营业税、土地增值税、企业所得税是房企的三大税种。房地产开发企业的收费项目有几十种。

营改增后，税种由营业税改为增值税，其他税种不变，税率由原来的营业税5%改为增值税11%，单从税率方面看，有较大的提高，但是由于增值税存在抵扣链条，只对增值额征税，而营业税是对全部营业额征税，所以从理论上讲，最终会降低整体税负。不过，如果房地产开发企业无法取得足够的增值税专用发票的话，则可能会导致企业的整体税负增加。因此，能否取得增值税专用发票以及今后的土地出让金是否可以纳入增值税抵扣范围将是企业税负增减的重要因素。

◎ 发票管理的变化

在原营业税税制下，营业税发票仅作为购入方相关资产或费用的确认依据，而不作为抵扣凭证。在增值税税制下，增值税专用发票的管理却极其重要，由于一方开具增值税专用发票，会涉及下游企业的抵扣，增值税形成整个行业完整的闭环链条，因此销项发票的领购、开具、保管、作废，进项发票的取得、认证、抵扣等都显得尤为重要。企业在营改增后，应更加重视对发票的管理，同时在选择供应商时，应注意选择增值税一般纳税人，以便使相应的进项税额可以抵扣，减少企业的应纳税额。

第二节　房地产企业应对营改增的策略

房地产企业实施营改增的时间已定为 2016 年 5 月 1 日。营改增对房地产企业的影响是广泛而深刻的，涉及企业管理的方方面面，尤其涉及纳税、财务管理、会计核算等重要方面，需要企业领导、相关人员尽早谋划、全盘考虑、积极应对，提前做好相关培训工作，谋划制定或修订相关制度，从而使营改增在房地产企业能顺利平稳地完成过渡。

◎ 加强财务人员培训，做好财务核算准备工作

营改增对房地产企业的账务处理提出了新要求，企业财务人员将面临新旧税制的衔接、税收政策的变化、具体业务的处理和财务核算的转变等难题。为了有效应对营改增带来的难题，房地产企业的财务人员应充分学习相关的税收政策，例如，增值税原理及计算、纳税环节及流程、增值税纳税申报等，确保在税制改革后能够立即熟练操作和运用。此外，财务人员还应学习在缴纳增值税的情况下，会计科目设置与账务处理，做好营改增财务核算的准备工作，以便从容应对营改增后房地产企业税务的会计处理核算的调整。

◎ 重视增值税专用发票的管理

营业税改征增值税后，依据现行税法规定，一般纳税人当期应纳增值

税依据“销项税额 – 进项税额”计算得出，纳税人取得的增值税扣税凭证不符合法律、行政法规或者国家税务总局有关规定的，其进项税额不得从销项税额中抵扣。因此，在销项税额既定的情况下，企业增值税税负取决于进项税额的大小。企业所能够提供的进项抵扣部分越多，所缴纳的增值税费额也就会越少。然而企业能否取得足够的符合规范的可抵扣进项税发票，与企业自身的管理水平、行业运营的规范程度紧密相关。因此房地产企业应该切实重视进项税发票凭证的管理，及时取得可以抵扣的专用发票，如尽量选择具有一般纳税人身份的企业作为供应商。此外，房地产企业还应加强专用发票的认证管理，在税法规定期限内进行认证抵扣，以防无法抵扣增值税进项税额。

◎ 建立和完善企业财税控制制度

营改增后，账务核算变得更加复杂，增值税专用发票风险凸显，房地产企业应该注意建立和完善财税控制制度，控制企业税务风险。

第一，采购环节。

企业采购货物或服务时，在支付款项后，可能会由于市场或物品原因发生纠纷，无法取得进项发票，不能进行抵扣，因此企业应尽可能取得进项发票后的支付款项。

第二，开发环节。

房地产开发过程是成本产生的过程，企业应加强对各项成本发生凭据的管理，因为相关凭证不仅是企业账务处理的依据，还是企业所得税、土地增值税成本扣除的基本依据。

第三，销售环节。

房地产企业在销售开发产品中，常常会使用各种促销手段。是否需要在销售合同中对各种促销方式予以明确，财税处理是否会有差异，不同的付款方式对纳税义务的影响等问题都需要企业着重考虑。因此，房地产企业在销售开发产品时，最好先向专业人员进行咨询。

第四，纳税环节。

营改增后，主管税务机关由地税变为国税，同时，纳税申报时间、提交的材料也会发生变化，企业应按照国家法律、政策要求按时进行纳税申报，依法提交、留存各项财务、税务材料。

◎ 优化投资结构，提高经济效益

营改增的试行，在给企业带来众多挑战的同时，也给企业投资带来了机遇。例如，由于营改增，企业通过购置营运设备等固定资产投资，不仅可以增加进项税额，降低企业税负，而且可以调整营运资产结构，更新营运设备，改善营运环境，提升企业的硬件竞争力，从而给企业带来更多的经济效益。

◎ 科学筹划，降低企业税负

企业应充分评估营改增对企业经营、财务等方面的影响，并进行科学合理的税收筹划。例如，重新审阅现有项目采购、销售合同，修改定价及税负承担等相关条款；在选择供应商和服务商时，尽量选择财务核算健全、能够开具增值税专用发票的企业，这样企业才可以增加进项税额，降低增值税税负。

◎ 强化与相关单位的沟通，保证企业平稳发展

营改增的试行，必然会对企业的经营策略、定价机制、市场营销等方面产生重要影响。对相关企业而言，让其客户、供应商和其他有关各方了解自身受到的影响是非常重要的。加强与相关单位的沟通，保证它们能获

知该变化，将会减少不利影响。

同时，纳税人要积极主动与财税部门沟通，争取享受相关的优惠政策和政府的专项资金支持，以保证企业的平稳发展。大家只要能深入理解并掌握政策，就可以为企业创造效益。

第三节 房地产企业营改增实战指南

营改增对房企的影响，可以归纳为以下四方面：一是对利润测算模型的影响；二是对采购招标与成本控制的影响；三是对会计核算的影响；四是对 IT 系统的影响。从这四个方面来备战，自可以有备无患。

◎ 利润测算，把税收剥离后再算

无论是前期的投资测算、成功标尺设定，还是开发过程中的利润监控，为保准确，都应基于不含税的收入与成本进行利润测算。

不含税的收入比较好计算，其公式是：不含税收入 = 含税收入 ÷ （1 + 税率）。但不含税的成本编制难度较大：其一是因为进项税税率具有多样性；其二是因为在前期目标成本测算阶段，对后续合作对象的纳税人资格并不确定。

要编制一个相对准确的不含税的成本，需要企业的成本、采购与财务共同努力。一种做法是按照成本科目进行测算，根据成本科目的类别进行进项税率的设置并测算不含税成本，成本科目的颗粒度可以根据企业自身的管理情况而定。另一种做法是基于合约规划进行测算，根据合同类别与预期合作对象的纳税人资格进行进项税率的设置并测算不含税成本。更进一步地，还需要考虑混业销售的情况，即一个合同同时销售货物与增值税应税劳务（如提供门窗、幕墙的材料设备并安装）时，由于货物与劳务增值税税率不同，应分别核算，所以测算的难度更大。

如果企业已有相对成熟的合约体系，建议最好基于合约进行测算。

另外，还需要考虑到一些不确定的政策因素，例如，用于配套设施建造的那部分成本所对应的进项税是否可以抵扣，如果不可以抵扣，则成本必然增高，并且测算的复杂度也会更高。

◎ 采购招标与成本控制注重全过程，建筑成本要未雨绸缪

第一，全过程的进项税管控。

增值税税负的大小在很大程度上是由进项税额的多少决定的，因此，对进项税额的管控非常重要，总体的管理思路应该是：在前期目标设定时要有规划、在评定标时要有权衡、在签合同时要有约定、在付款收发票时要遵照合同（税率要相符，如果涉及混业销售行为下多种不同税率的情况，则不同税率发票开具的额度要与合同相符，否则便有虚开增值税发票的嫌疑，属于违法犯罪行为），这就要求成本、采招与财务人员都要有管理意识，否则任何一个环节的失控都会导致成本的增加。

第二，评定标与成本控制的要求更细化。

考虑到可抵扣进项税的因素，评定标环节也将会更细化。同样是100万元的总价，选择一般纳税人与小规模纳税人（税务局代开专用发票或提供普通发票）对利润的影响是不同的，如表8-1所示。

表8-1　100万元总价条件下选择一般纳税人与小规模纳税人对利润的不同影响

单位：万元

供应商类别		一般纳税人	小规模纳税人	
		增值税专用发票	税务局代开发票	增值税普通发票
销售收入	a	120.00	120.00	120.00
销项税额	b = a × 11%	13.20	13.20	13.20
购入材料含税价	c	100.00	100.00	100.00

续表

供应商类别		一般纳税人	小规模纳税人	
		增值税专用发票	税务局代开发票	增值税普通发票
进货成本	d=c/（1+税率）	90.09	97.09	100.00
进项税额	e=d×税率	9.91	2.91	
应交增值税	f=b-e	3.29	10.29	13.20
增值税税率(%)	g=f/a×100	2.74	8.57	11.00
毛利润	h=a-b	29.91	22.91	20.00

同样地，在成本控制的维度上，营业税体制下只需要按科目目标成本或合约规划金额进行总额控制，而增值税体制下仅控制总额却是不够的，总额不超并不意味着成本不超，还要看进项税额的多少，如表8-2所示。

表8-2　100万元总价条件下选择一般纳税人与小规模纳税人对进项税额的不同影响

单位：万元

	合同总额	乙方纳税人资格	税　率	金　额	进项税额
规　划	100	一般纳税人	11	90.09	9.91
实　际	100	小规模纳税人	3	97.09	2.91

在这个时候，严格来讲成本已经超支了，应该拒绝签订这份合同，除非再申请额外的预算。企业需要明确的是，在这种情况下到底是否要强控。这需要结合管控要求与当前的管理水平而定，因为在初期经验还不够丰富的情况下，前期规划进项税额的准确度不高，如果严控，有可能导致流程效率低下。比较可行的方法是控总额，并控制合作方的纳税人资格，原则上只选择与一般纳税人合作，因此需要房地产企业对自身合作单位进行升级换代。此次升级换代影响的大小，需要房地产企业对现有合作单位进行整体梳理，按类别与纳税人资格进行分类分析，该洽谈的洽谈、该替换的替换。

第三，做好建筑成本可能增加的应对措施。

建筑业将同时营改增，可能性比较大的销项税率是11%，而由于建筑企业上游供应商有大量的小额纳税人，并且建筑成本中人工成本占有 20% 左右的比例，这些因素决定了建筑企业可获取的可抵扣进项税额要远远低于其销项税额，这必将导致建筑成本的增加，而建筑企业为保证利润，很可能会将增加的这部分成本转嫁给房地产企业，从而使房地产企业的成本上升。而在市场环境没有明显利好的情况下，房地产企业难以通过提高售价将这部分成本转嫁给购房者，只能自己负担，这就必然导致其自身利润受损。面对这个问题，房地产企业应主动与主要合作单位，包括总包、装修、园建等进行协商，基于政策影响、市场环境与长期合作的角度，制定出一个双赢的合作模式，如图 8 -1 所示。

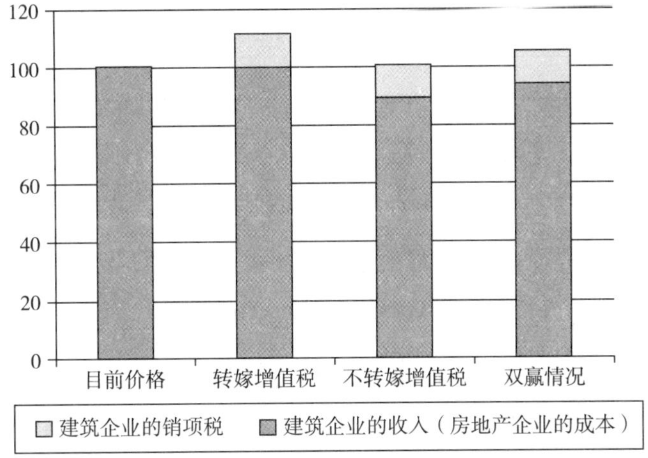

图 8 -1　房地产企业与主要合作单位的双赢合作模式示意图

◎ 会计核算，制定新的规则，与前端互动

营改增后会计核算的科目、辅助核算与凭证制作的规则会发生较大的变化，会计人员必须要掌握新的规则才能够保证核算准确。

例如，付某单位工程款 100 万元，同时收到发票 100 万元，票款无差额。在原营业税制下，发票金额全额进入开发成本。其核算规则如表 8 -3 所示。

表 8－3　原营业税制下的会计核算

借方、贷方	科目名称	辅助核算	金额类别	金额（万元）
借　方	开发成本——建安工程费	项　目	发票金额	100
贷　方	银行存款	银行账户	实付金额	100

在增值税制下，不含税费额进入开发成本，税额进入进项税科目，并且增加了税率辅助核算，以方便查询与分析。核算规则如表 8－4 所示。

表 8－4　增值税制下的会计核算

借方、贷方	科目名称	辅助核算	金额类别	金　额（万元）
借　方	开发成本——建安工程费	项　目	不含税费额	90.09
借　方	应交税费——应交增值税——进项税额	供应商；项目；11%	进项金额	9.91
贷　方	银行存款	银行账户	实付金额	100

从上例可见，会计分录、借方金额以及辅助核算都发生了变化，而这仅只是一种业务场景而已，在笔者的某项目实践中与成本付款相关的业务场景及其对应的凭证有约 50 种，企业需要提前准备的就是——对可能存在的各种业务场景，按照新的规则进行核算规则的设置，包括成本核算、固定资产核算、收入核算等，以作为会计人员做账的依据，保证核算准确。

另外，还有一点需要注意的是，会计核算与前端业务是相互影响的，会计核算虽然是后端，但有时候却有硬性规则的要求，因此不可避免地会由于会计核算的需要而对前端业务提出一些细节上的要求，特别是在企业会计核算的工作已经借助 IT 系统实现自动化的情况下，为了保障这个新规则的自动化，就必须要求前端付款环节也进行价税分离并且记录下税率信息。这一点就涉及对 IT 系统的相应优化，下面会对比做详细分析。

◎ IT 系统，随需而变，成为业务部门真正的好伙伴

IT 是为业务服务的，当业务改变的时候，IT 也必然要随需而变，并且

尽可能提前做好准备，而不是等待政策实施之后才开始行动。否则，当新政策开始实施的时候，企业会突然发现 IT 系统不再适用、不再满足需要了。无论是企业的 IT 部门还是业务部门，都应该为此事未雨绸缪，提前准备，而不是等待观望，以致束手无策。

营改增对房地产企业业务运营的影响是全面的，同样，营改增也将全面影响房地产企业的 IT 系统。以下将从价税分离、进项税管控与增值税纳税管理三个维度对此进行分析。

第一，IT 系统要能够满足“价税分离”的要求。

会计核算、收款与付款模块都需要进行价税分离，业务模块与财务模块之间的接口规则也需要针对性地调整，仅此一点就涉及财务系统、销售系统、成本系统、费用系统，这些都是企业应用最为普遍的系统，因此也可以将其视为“刚需”。

少数信息化比较全面深入的企业，会通过 IT 系统进行利润测算与过程管控，而营改增后需要按照不含税的口径进行利润测算，这就要求企业要了解不含税的目标成本、动态成本、目标货值、动态货值，以上因子均涉及项目利润管理系统与全面预算管理系统的优化。

另外，还有大量报表需要按含税与不含税两个口径分别进行统计，企业需要对现有的报表体系进行梳理，以识别需要进行价税分离的报表。

第二，IT 系统要能够支撑“全过程的进项税管控”的要求。

在前期目标设定时要有规划，在评定标时要有权衡，在签合同时要有约定，在付款收发票时要遵照合同。IT 系统必须要在这些模块中体现出对进项税的管理要求。

第三，IT 系统要能够“为增值税纳税管理工作减负”。

增值税纳税管理工作相比之前营业税体制下的要精细、复杂得多，工作量会成倍增加，因此需要专门为企业的税务管理部门提供相应的 IT 支撑，以帮助企业的税务管理部门提高工作效率。

具体应包括：一是增值税发票管理，包括销项与进项，要与业务系统实行无缝衔接，其中进项发票可以考虑以电子扫描的方式录入，避免重复工作与手工工作。二是进项发票认证、进项税抵扣与转出，其中发票认证的最优方案是直接对接金税系统的认证结果，次优方案是手工批量导入认证结果，避免手工单笔录入。三是应纳增值税测算与平衡、纳税申报，其中测算与平衡的主要基础是现金流。

【案例分析】

万科开展营改增政策实施准备工作

万科是房地产行业最早深入研究营改增的企业之一，其主动适应政策变化，目前已启动专项工作小组开展政策实施准备工作，包括：改造业务和财务系统，匹配增值税情况下的业务流程及财税管理要求；与供应商提前沟通，包括但不限于议价规则的调整、合同条款的修订等；通过平台化的手段，加强上下游的产业链整合能力和管控水平，促进精细化管理。

万科执行副总裁、首席风险官王文金在 2015 年年度业绩说明会上强调，要制定适合增值税制的业务流程和财税管理要求，并加强上下游的产业链整合能力和管控水平，提高精细化管理能力。

根据万科财报，2014 年公司缴纳营业税费及附加 131. 67 亿元，其中营业税 73. 31 亿元、土地增值税 47. 73 亿元，合计占营业收入（1463. 9 亿元）的 9%。万科尚未公布 2015 年营业税额度，但其营收达 1955. 5 亿元，依此计算营业税额应为 97. 78 亿元。

在万科 2015 年开工面积中，工业化应用比例达到 81%，主流产品包括预制构件、装配式内墙、内外墙免抹灰等三项工业化应用的比例分别达到 39%、100% 和 100%。这些产品若在工厂生产，征收增值税的税率为 17%，即便剔除政府性质补贴因素的影响，其税率水平也依然不低。如果这些产品在工地生产，则应计入万科营业税中。在营改增后，以上这些产品的税率将统一为11%，比之前降低6个百分点。

事实上，万科在建筑工业化方面研究了10多年，其目的是“两提两减”，即“提高质量、提高效率，减少用工、节能减排”。现在万科摸索出了一套方法，在建造住宅产品时，使用预制混凝土外墙、预制内墙、铝合金模板等产品和技术，同时在主体建设过程中就开始进行精装修工作，从而缩短工期。万科将之称为“新五四运动”，即“五大技术体系”：铝合金模板整体浇筑技术、预制混凝土技术、装配式轻质内隔墙技术、自升式外爬架技术、整体式卫浴技术；“四大保障措施”：产品标准化、精装修、穿插、第三方工程评估。万科为应对营改增付出了巨大的成本，其中就包括承担高额税率。

（案例来源：根据“新浪财经”2016年3月20日《营改增试点扩大利好钢结构企业，看万科啥态度》改写）

第九章

金融行业营改增实务操作

金融企业实行税制改革，在改变目前国内金融市场竞争格局的同时，也必定会带来更为剧烈的竞争与挑战。金融企业要了解营改增对整个金融行业带来的影响，以及对企业会计处理的影响，并积极采取应对措施。另外本章的问答部分也可以为金融企业营改增答疑解惑。

第一节　营改增对金融业的影响及企业的应对策略

金融行业实施营改增后，作为金融行业主体的银行业应了解其对企业带来的影响，并积极采取对策，推进营改增在信息系统方面的改造，加强财税业务培训并增加财务专职人员，建立健全账务核算体系，加强对供销链上供应商和客户的管理，从而切实提升银行业的税务管理能力。

◎ 营改增对金融业的影响

金融业在营改增的过程中会遇到哪些问题，营改增对金融业的影响又是如何的呢？我们可以从以下几个方面来分析。

第一，实施营改增对当前银行业在信息技术系统改造、业务与税务配合衔接、流程改造等方面造成的困难及影响。

一是信息技术系统改造。银行业的确面临着比其他行业更高的改造成本，因为银行业涉及的系统改造范围广泛，只要是涉及收入类的系统，包括利息收入、中间业务收入、同业收入等系统就都需要改造，银行业信息技术的大量采用无疑要求大量的硬件和软件投资，尤其是营改增后，需要进一步完善的功能应用还有很多，软件环境需要不断升级。

二是业务与税务配合衔接。营改增后银行必须建立增值税开票系统与现有各业务系统的有效衔接，解决在衔接过程中出现的硬件、软件等问题，同时还需要制定相应的增值税开票流程，规范工作人员的业务行为，防范风险。银行税务方面的人才匮乏，更重视业务及信贷能手，今后营改增实施过程中肯定需要税务方面的专职人员，人员的岗前培训和新增岗位的人工成本也是一笔较大的支出。

三是流程改造。营改增后，银行业从税制设计及征管到银行科技系统和业务流程诸多方面都需改造。如果按照2016年5月1日营改增落地的要求来看，最大的挑战是细则没有出台，并由此产生政策的不确定与改革成本不可逆两者的矛盾。但如果坐等政策出台，可能就无法及时完成营改增实施工作，给业务、客户带来巨大的影响，因此商业银行只能依靠掌握的信息，结合增值税的基本原理摸索前行，一旦政策出台有较大的变动，就很可能造成一部分成本沉没。

第二，营改增后，由于适用税率变动及进项抵扣的问题所造成的税负的影响。

一是适用税率变动对税负的影响。目前，金融保险业营业税税率为5%，其计税营业额包括贷款业务收入、差价业务收入和中间业务收入，在这三种收入中，贷款业务收入是银行业的主要营业收入。营业税作为价内税，其计税依据是其经营金融业务的营业收入全额，营改增后，财税部门考虑对金融保险业采取6%的增值税税率，因增值税为价外税，其计税依据得换算为不含税收入，因此，虽然利率上升了1%，但相应的计税依据也有所减少。

二是进项税抵扣对税负的影响。营改增后，与之相关的进项税也可抵扣。银行可抵扣的进项税主要包括两个部分：电子设备、办公设备及其经营的柜台等固定资产采购；银行业信息技术系统所需的硬件和软件支出。尽管存在上述可抵扣的进项税，但在实际业务中，有更多的成本支出将因无法取得增值税专用发票而不能抵扣，不能抵扣的进项税主要体现在以下两方面：支付给个人的存款利息；银行从业人员的人工支出。

因此，银行业在日常业务中需要加强会计核算，降低银行税收成本，增加进项税税额来加强增值税抵扣力度，减轻税负。

第三，营改增后，对银行的业务影响及内控管理风险的影响。

一是对业务的影响。全面营改增或许会降低部分企业借款的税收成本，因为这些借款者的借款利息可以从银行获得进项税抵扣，营改增实现了收入价税分离，满足了下游实体企业抵扣进项税费的需要，有利于提升金融业服务实体经济的能力。同时，下游实体企业由于可抵扣进项税而减少了经营成本，有利于反向改善银行信贷环境，促进贷款业务的平稳增长。

二是对内控管理风险的影响。营改增后，银行为个人客户开具发票也存在问题。营业税制下，银行不向客户提供发票，但营改增后，个人客户将要求银行提供增值税普通发票，这些海量的发票开具需求大大增加了商业银行的系统负担和工作量。而对外部监管层面的挑战在于，除了原有的大企业风险管理、重点税源监控，银行预计还要面临增值税风险纳税评估，而且还要配合增值税专用发票的检查，如果出现违法行为，就可能承担刑事责任。

总之，目前已确定的只有税率将由5%提升为6%，在细则还没有出台的情况下，我们按照可能的结果，做出了上述分析判断，具体影响还需要等待细则落地后再进一步研究。

◎ 企业应对营改增的策略

金融业需要从各个方面积极应对营改增。具体有哪些应对策略呢？下面为大家一一进行详述。

第一，推进营改增在信息系统方面的改造。

商业银行要根据掌握到的信息，结合对增值税基本原理的摸索，对银行业信息技术进行更新改造，实现增值税开票系统与银行业务系统的有效衔接，解决在衔接过程中出现的硬件、软件等问题，完成需求评审、代码编写和测试等一系列工作。整个工作过程中应注意尽量实现模块化改造、参数化控制，避免改造后的系统与出台的政策不一致所带来的损失。

第二，加强财税业务培训并增加财务专职人员。

营改增后，个人客户将要求银行提供增值税普通发票，这些海量发票的开具需求大大增加了商业银行的系统负担和工作量，而且预计银行还将面临增值税专用发票的检查，如果出现违法行为，则可能承担刑事责任，因此需要组织财税岗位人员的增值税培训，辅导相关人员做好增值税专用发票等票证的业务处理流程。银行中熟悉增值税法规的人才匮乏，以往更重视业务和信贷能手，而“营改增”实施过程中需要的则是税务方面的专职人员。

第三，建立健全账务核算体系。

营改增后，如果成为增值税一般纳税人，则需要根据一般纳税人的要求建立健全账务账套，在“应交税费”科目下设“应交增值税”“未交增值税”明细账，在“应交增值税”明细科目下设置“进项税额”“已交税费”“减免税款”“出口抵减内销产品应纳税额”“转出未交增值税”“销项税额”“出口退税”“进项税额转出”“转出多交增值税”等9个专栏。对上述专栏中的销项税还需要针对不同税率的业务分开核算，避免统一适用较高的税率。

第四，加强对供销链上供应商的管理。

营改增后，可抵扣的进项税对金融业税负的影响尤为重要，因此需要充分调研供应商信息，完善供应商管理；对增值税一般纳税人和小规模纳税人购买服务合同中的价格谈判拟定相应的办法，提升议价能力；同时还需对与供应商签订的合同中的涉税条款的合法性、合规性进行审阅和修订；并对采购流程、支付报销流程、增值税发票取得与认证流程、成本费用核算等环节的流程进行改造与优化。

第五，加强对供销链上客户的管理。

营改增后，要充分考虑每项提供给客户的服务的税负变化对价格和利润的影响，根据市场行情，制定出合适的服务价格；在发票开具方面，需要及时、准确地收集客户的开票信息，做好增值税发票开具的安排。

第二节 营改增对金融企业会计处理的影响及应对策略

金融企业要想在营改增过程中取得好的效果，不仅要了解营改增对整个行业的影响，更要研究其对本企业会计处理方面的影响，并积极采取对策，树立纳税筹划意识，加强财务风险防范，完善财务报表的列报，加强发票的管理与运用等。

◎ 营改增对金融企业会计处理的影响

第一，对金融企业账务处理的影响。

商业银行提供的应税服务主要有：存贷款、资金清算业务、国内支付结算业务、外汇业务、固定资产的购买与清理、中间业务、理财产品、保险、同行业拆借等。征收增值税的方法是通过计算进项税额与销项税额的差额来确定应该缴纳增值税的多少。其中进项税额与销项税额是通过增值税发票来确定的，而银行的贷款、结算、理财等许多业务是很难取得增值税发票的，所以银行业增值税应该按照营业收入与营业成本的差额进行征收。同时也应明确应税项目和免税项目，对于不同的应税项目，应该采用不同的增值税征收方法。银行大部分经营收入来自为个人、企业发放的贷款利息收入，销售理财、保管物品收取的手续费用及佣金收入，其他业务收入，汇兑损益，投资收益，其中中间业务收取服务费和佣金收入的应该采用简易征收的办法。银行的主要营业成本为存款利息支出、银行之间往来支出、业务及管理费等。银行取得营业收入时，应增加应交税费——应交增值税（销项税额）这一栏目，用于记录其销项税额。同样，发生业务支出时，应增加应交税费——应交增值税（进项税额）这一栏目，用于记录其进项税额。当月末进行纳税申报时，根据进销税差额来确定当期所纳增值税税额。

江苏紫金农商银行向当地一家服装厂发放贷款，2014 年第一季度含税贷款利息 56500 元，季末收到利息，同时当季度付出该企业含税存款利息支出 33900 元。假设该银行适用 13% 的增值税税率，那么该银行该怎样进行会计处理?

由于贷款利息产生的销项税额 = 56500 ÷（1 + 13%）× 13% = 6500（元），利息支出产生的进项税额 = 33900 ÷（1 + 13%）× 13% = 3900（元）。编制会计分录如下：

当取得贷款利息收入时：

借：应收利息——服装厂应收利息　　56500

　　贷：利息收入——短期贷款利息收入　　5

　　　　应交税费——应交增值税（销项税额）　　6500

同时：

借：吸收存款——单位活期存款——服装厂　　56500

　　贷：应收利息——服装厂应收利息　　56500

当付出利息支出时：

借：利息支出——服装厂活期存款利息支出　　30000

　　应交税费——应交增值税（进项税额）　　3900

　　贷：应付利息——服装厂活期存款应付利息　　33900

证券行业与保险行业的日常主要收入为相关业务的手续费及佣金，它们几乎没有进项税额抵扣来源。如果还是按照常规的增值税处理方法，必然会加重这些行业的税收负担，制约证券业与保险业的发展，以致使其在全球公开金融市场中失去竞争力。这时我们可以采用简易征收的方法，其取得的手续费及佣金一律按3%税率征收增值税。

第二，对财务报表披露的影响。

对金融行业实行营改增后，金融企业日常购买的固定资产、机械设备、打印机和低值易耗品产生的进项税额可以进行抵扣。在资产负债表中，由于进项税额的抵扣，固定资产原值账面价值将减少，累计折旧也将随之减少。负债类应交税费项应增加“应交增值税”这一科目。应交营业税将不再列报，利润表中的营业税费及附加也将不复存在，这样成本费用就会减少，可以增加企业的利润，同时资产负债表中的“未分配利润”这一科目也会有所增加。在现金流量表上，由于增值税进项税额可以进行抵扣，从而会使金融企业投资活动的现金流出有所上升。取消营业税之后，金融企业的成本费用将下降，经营活动产生的现金流量将会有所增加。

第三，对金融企业税负的影响。

金融企业营业税课税基础较为沉重，作为商业银行主营业务收入来源的贷款利息收入要以其全额计征营业税，在此基础上，再以所缴纳的营业税为税基，缴纳教育费附加（3%）及城市建设维护税（7%），综合税负在5.5%以上。与执行3%营业税税率的交通运输、建筑安装、电信通信等其他劳务输出行业相比，处于较高水平。金融企业综合税基包括收取的价外费用、手续费及佣金，又受增值税链条中断、利率管制等因素的影响，实际税负更高。一旦对金融企业实施营改增，必定会对其税负产生举足轻重的影响。营改增主要是在现行增值税17%标准税率和13%低税率的基础上，新增11%和6%两档低税率。国家税制机构对金融企业出台的增值税税率，也会对金融企业产生一定程度的影响。所以金融企业实行营改增，总体来说税负应该是减轻的，但究竟减到什么程度还有很大的不确定性。

◎ 金融企业应对营改增的财务管理策略

第一，树立纳税筹划意识。

营改增对金融企业来说有很多税收优惠和减免政策，企业财务人员要形成纳税筹划的意识，在最大限度上合理、合法地把企业纳税额降低。金融企业要结合本企业的现实经营情况，综合分析新税收政策提供的各种益处，制定最佳税收筹划方案。利用增值税存在进项税额抵扣的情况，企业在选择合作的供应商时应选择能够开具增值税发票的企业，以达到税负的转嫁效果。同时，企业财务人员更要细心研究营改增税收政策中的特殊条款规定，以寻求更大的纳税筹划空间。

第二，加强财务风险防范。

我们不仅要看到营改增给企业带来的好处，更要关注其可能带来的财务风险。为了避免违规制度核算带来的财务风险，应加强对财会人员的业务操作培训，使其能够按照新税收制度的规定完成相关财务业务核算的处理，制定明确而操作性强的财务规章制度来规范企业财务操作流程，加强财务审计工作，保证所有新的财务业务的操作都按规定执行。最后需要强调的是，所有纳税筹划都必须符合我国现行税法的规定，以防违规避税行为的发生。

第三，完善财务报表的列报。

营改增改变了金融会计核算的相关科目，以及企业财会日常业务处理的流程，让企业的财务报表更加烦琐。日常业务的会计处理的改变以及财务报表的复杂化，可能会导致会计人员不能严格按照新税收体制的要求编制财务报表，从而不能保证会计信息的真实性、准确性。金融企业必须采取相应的方法完善企业财务报表的填制与披露，向社会提供高质量的企业财务信息，让报表的信息使用者能够真实地了解到企业在新的税收体制之下的财务和经营情况。

第四，加强发票的管理与运用。

发票的管理使用情况涉及金融企业的自身利益，是进行增值税纳税申报的直接依据，影响企业的税负水平。金融企业必须派专人负责发票的管理，做好发票的使用与归集。在营改增试用的条件下，合理使用发票，并制定合理的管理发票的方法，及时发现漏洞，加强内部审计与职能监督，加强发票的控制管理及对增值税专用发票开具的监督，规范增值税发票开具的流程，防止相关工作人员虚开、漏开增值税专用发票，给企业带来税务风险与经济损失。

第三节　金融业营改增十问十答

金融企业在实施营改增的过程中会遇到一些必须解决的问题，这里选择其中普遍比较关心的10个问题予以解答，希望对企业有所帮助。

◎ 营改增后金融业纳税人包括哪些？

第一，在中华人民共和国境内提供金融服务的单位和个人，为增值税纳税人。

单位是指企业、行政单位、事业单位、军事单位、社会团体及其他单位；个人是指个体工商户和其他个人；在境内提供金融服务是指金融服务的销售方或者购买方在境内。

第二，金融机构。

（1）银行，包括人民银行、商业银行、政策性银行。

（2）信用合作社。

（3）证券公司。

（4）金融租赁公司、证券基金管理公司、财务公司、信托投资公司、证券投资基金。

（5）保险公司。

（6）其他经人民银行、银监会、证监会、保监会批准成立且经营金融保险业务的机构等。

第三，金融企业。

金融企业是指银行（包括国有、集体、股份制、合资、外资银行以及其他所有制形式的银行）、城市信用社、农村信用社、信托投资公司、财务公司。

◎ 金融服务的征税范围有哪些？

金融服务的征税范围依照《办法》附件《销售服务、无形资产或者不动产注释》执行。

金融服务是指经营金融保险的业务活动，包括贷款服务、直接收费金融服务、保险服务和金融商品转让。

第一，贷款服务。

贷款是指将资金贷予他人使用而取得利息收入的业务活动。

各种占用、拆借资金取得的收入包括金融商品持有期间（含到期）利息（保本收益、报酬、资金占用费、补偿金等）收入、信用卡透支利息收入、买入返售金融商品利息收入、融资融券收取的利息收入，以及融资性售后回租、押汇、罚息、票据贴现、转贷等业务取得的利息及利息性质的收入，按照贷款服务缴纳增值税。

融资性售后回租是指承租方以融资为目的，将资产出售给从事融资性售后回租业务的企业后，从事融资性售后回租业务的企业将该资产出租给承租方的业务活动。

以货币资金投资收取的固定利润或者保底利润，按照贷款服务缴纳增值税。

第二，直接收费金融服务。

直接收费金融服务是指为货币资金融通及其他金融业务提供相关服务并且收取费用的业务活动，包括提供货币兑换、账户管理、电子银行、信用卡、信用证、财务担保、资产管理、信托管理、基金管理、金融交易场所（平台）管理、资金结算、资金清算、金融支付等服务。

第三，保险服务。

保险服务是指投保人根据合同约定，向保险人支付保险费，保险人对于因合同约定的可能发生的事故的发生所造成的财产损失承担赔偿保险金责任，或者当被保险人死亡、伤残、疾病或者达到合同约定的年龄、期限等条件时，承担给付保险金责任的商业保险行为，包括人身保险服务和财产保险服务。

人身保险服务是指以人的寿命和身体为保险标的的保险业务活动。

财产保险服务是指以财产及其有关利益为保险标的的保险业务活动。

第四，金融商品转让。

金融商品转让是指转让外汇、有价证券、非货物期货和其他金融商品所有权的业务活动。

其他金融商品转让包括基金、信托、理财产品等各类资产管理产品和各种金融衍生品的转让。

◎ 哪些利息收入免征增值税？

以下利息收入免征增值税：

（1）2016 年 12 月 31 日前的金融机构农户小额贷款。小额贷款是指单笔且贷款余额总额在 10 万元（含本数）以下的贷款。

（2）国家助学贷款。

（3）国债、地方政府债。

（4）中国人民银行对金融机构的贷款。

（5）住房公积金管理中心用住房公积金在指定的委托银行发放的个人住房贷款。

（6）外汇管理部门在从事国家外汇储备经营过程中，委托金融机构发放的外汇贷款。

（7）统借统还业务中，企业集团或企业集团中的核心企业以及集团所属财务公司按不高于支付给金融机构的借款利率水平或者支付的债券票面利率水平，向企业集团或者集团内下属单位收取的利息。

◎ 直接收费金融服务的销售额是什么？

根据《财政部 国家税务总局关于全面推开营业税改征增值税试点的通知》（财税〔2016〕36号）规定，直接收费金融服务以提供直接收费金融服务收取的手续费、佣金、酬金、管理费、服务费、经手费、开户费、过户费、结算费、转托管费等各类费用为销售额。

◎ 金融商品转让的销售额是什么？

根据《财政部 国家税务总局关于全面推开营业税改征增值税试点的通知》（财税〔2016〕36号）规定，金融商品转让以卖出价扣除买入价后的余额为销售额。

若转让金融商品出现正负差，以盈亏相抵后的余额为销售额。若相抵后出现负差，可结转下一纳税期与下期转让金融商品销售额相抵，但年末时仍出现负差的，不得转入下一个会计年度。金融商品的买入价可以选择按照加权平均法或者移动加权平均法进行核算，选择后36个月内不得变更。

◎ 保险服务有哪些税收优惠？

（1）保险公司开办的一年期以上人身保险产品取得的保费收入免征增值税。一年期以上人身保险是指保险期间为一年及以上返还本利的人寿保险、养老年金保险，以及保险期间为一年及以上的健康保险。

(2) 被保险人获得的保险赔付不征收增值税。

◎ 金融商品转让服务具体指什么？如何确定销售额？有哪些相关规定？

金融商品转让是指转让外汇、有价证券、非货物期货和其他金融商品所有权的业务活动。包括基金、信托、理财产品等各类资产管理产品和各种金融衍生品的转让。

金融商品转让以卖出价扣除买入价后的余额为销售额。若转让金融商品出现正负差，盈亏相抵后的余额为销售额。若相抵后出现负差，可结转下一纳税期与下期转让金融商品销售额相抵，但年末时仍出现负差的，不得转入下一个会计年度。

金融商品的买入价可以选择按照加权平均法或者移动加权平均法进行核算，选择后 36 个月内不得变更。

金融商品转让不得开具增值税专用发票。

◎ 纳税人接受贷款服务向贷款方支付的咨询费能否抵扣进项税额？

根据《财政部　国家税务总局关于全面推开营业税改征增值税试点的通知》(财税〔2016〕36 号) 规定，纳税人接受贷款服务向贷款方支付的与该笔贷款直接相关的投融资顾问费、手续费、咨询费等费用，其进项税额不得从销项税额中抵扣。

◎ 金融同业往来利息收入免征增值税，具体包括哪些？

根据《财政部　国家税务总局关于全面推开营业税改征增值税试点的

通知》（财税〔2016〕36 号）规定：

（1）金融机构与人民银行所发生的资金往来业务，包括人民银行对一般金融机构贷款，以及人民银行对商业银行的再贴现等。

（2）银行联行往来业务是指同一银行系统内部不同行、处之间所发生的资金账务往来业务。

（3）金融机构间的资金往来业务是指经中国人民银行批准，进入全国银行间同业拆借市场的金融机构之间通过全国统一的同业拆借网络进行的短期（一年以下含一年）无担保资金融通行为。

（4）金融机构之间开展的转贴现业务。

◎ 提供金融服务在纳税义务发生时间上有哪些特殊的规定？

除《办法》的一般规定外，金融服务还有以下特殊规定：

（1）纳税人从事金融商品转让的，为金融商品所有权转移的当天。

（2）金融企业发放贷款后，自结息日起 90 天内发生的应收未收利息按现行规定缴纳增值税，自结息日起 90 天后发生的应收未收利息暂不缴纳增值税，待实际收到利息时按规定缴纳增值税。

（3）银行、财务公司、信托投资公司、信用社的纳税期限为 1 个季度。

【案例分析】

江苏徐州彭城农商银行积极推进营改增落地

从2016年5月1日起，营业税改征增值税就要在银行业落地实施。为确保营改增工作落实到位，江苏徐州彭城农商银行深化宣传动员，细化工作部署，强化责任落实，积极采取措施，扎实做好前期准备工作，为营改增正常落地执行打下了坚实基础。

彭城农商银行成立了以行长为组长的营改增工作领导小组，负责营改增工作的组织协调和统筹调度。同时组建了营改增实施小组，制定了营改增实施方案，细化了机关各部门的工作任务，将工作责任分解到岗、落实到人。

彭城农商银行通过梳理统计抵扣客户信息，明确进项税抵扣范围，增强增值税抵扣力度，全方位评估营改增对收入和成本费用核算产生的影响及带来的利润变化。同时制定相应的管理制度和开票流程，规范工作人员的业务行为。

彭城农商银行积极与主管税务机关配合，做好营改增前的一系列征管准备工作，包括补充完善税务登记信息、增值税发票申请、开票器具的发行与培训、各类减免税优惠事项备案、资格备案等。随时了解营改增最新动态，对于疑难和不熟悉问题积极主动地与税务机关进行沟通，避免涉税风险。

（案例来源：根据《徐州日报》2016年4月22日《彭城农商银行积极推进“营改增”落地》改写）

第十章

生活服务行业营改增实务操作

财政部、国家税务总局于 2016 年 3 月 23 日公布了《关于全面推开营业税改征增值税试点的通知》（以下简称财税〔2016〕36 号），确定了本阶段营改增行业将适用的增值税相关规定和适用税率，该规定自 2016 年 5 月 1 日起生效。本章将着重讨论新增值税法规对生活服务业的影响，以及生活服务业如何应对全面营改增，并提出生活服务业营改增应关注的几个问题。

第一节　营改增新政对生活服务及其他服务业的影响

生活服务业纳税人数多，种类也多，提供的服务包括文化体育服务、教育医疗服务、旅游娱乐服务、餐饮住宿服务、居民日常服务和其他生活服务。营改增新政对生活服务业及其他服务业都有很大的影响，包括对税率以及关键市场和具体行业的影响。

◎ 生活服务业适用的增值税税率

财税〔2016〕36号文规定的生活服务业适用的增值税税率，印证了我们在2016年3月5日发布的中国税务快讯中的预测。生活服务业营改增后增值税税率与营改增前营业税税率的对比如表10-1所示。

表10-1　生活服务业营改增后增值税税率与营改增前营业税税率的对比

行　业	现阶段营业税税率	将适用的增值税税率
生活服务业	一般为5%，某些特定行业（如娱乐业）为3%~20%	6%

由于增值税实际是针对净增值额部分征收的（销项税减进项税），而营业税一般是针对总收入（仅销项税）征收的，因此直接比较增值税和营业税的税率是没有意义的。

如何定义"生活服务"？财税〔2016〕36号文对生活服务的定义包括文化体育服务、教育医疗服务、旅游娱乐服务、餐饮住宿服务、居民日常服务和其他生活服务。这个定义基本与目前营业税制下的定义相同，但新规中对于餐饮住宿服务进行了进一步的解释。

居民日常服务为新服务类型，包括市容市政管理、家政、婚庆、养老、殡葬、照料和护理、救助救济、美容美发、按摩、桑拿、氧吧、足疗、沐浴、洗染、摄影扩印等服务。

出于完整性考虑，法规在现代服务业中亦增加了一类新的服务类型——“商务辅助服务”，包括企业管理服务、经纪代理服务、人力资源服务、安全保护服务。

很重要的一点是要理解现代服务的“其他现代服务”和生活服务业中的“其他生活服务”实际上是兜底条款，即除法规中明确规定的行业以外的现行缴纳营业税的行业，都将在2016年5月1日起由缴纳营业税转变为缴纳增值税。

◎ 关键市场影响

餐饮服务将适用6%的增值税税率，但难点是怎样区分餐饮服务和食品销售（食品销售适用17%的增值税税率，某些食品适用13%的优惠税率）。根据法规对餐饮服务的定义，餐饮服务要求必须同时提供饮食和饮食场所。而如果纳税人在饮食场所也提供外带或外卖服务，适用的增值税税率可能就要视纳税人的主营业务而定，而非根据消费者选择堂食、外带或外卖的具体情况，区分不同销售类型分别适用6%或17%的增值税税率。这可能会为企业提供税收筹划的机会，也可能造成税收争议。

餐饮服务、娱乐服务和居民日常服务不能作为进项税进行抵扣，因此，相关服务提供者无须开具增值税专用发票。相关服务不能进行进项税抵扣主要是因为相关费用主要用于个人消费、交际应酬和员工福利等相关用途。

住宿服务将统一适用6%的增值税税率，这对于住宿业是利好消息，因为大多数情况下，住宿服务业纳税人无须对日常提供的服务适用不同的增值税税率。然而，由于消费者接受的由住宿服务业提供的餐饮服务不可抵扣进项税，因此服务提供方需要对餐饮服务和非餐饮服务分别进行核算，从而实现能够为其提供的非餐饮服务，如住宿服务和会议服务等开具增值税专用发票的目的。这可能会成为住宿服务业在未来定价中的难题。同时，法规并未对会员计划、积分兑换等行特殊免征增值税的政策，因此住宿服务业对会员提供相关福利，如免费升级或提供免费服务，可能会被视同销售而带来额外税务成本和税务合规要求。

新增值税法规将对医疗服务造成重要的影响。营业税制下医疗服务普遍享受免税待遇，而新增值税法规则详细定义了免税医疗服务的范围。很多医疗行业的私人机构在实操中可能将适用6%的增值税税率。

新增值税法规未对生活服务业提供任何过渡政策。从2016年5月1日起提供的应税服务将全部适用6%的增值税税率，无论该笔业务是否预计将在上述日期之前发生。

大多数生活服务业企业可以通过延迟到2016年5月1日后进行采购的方式降低成本，即纳税人可以对在2016年5月1日当天或以后采购的食品饮料、设备及固定资产抵扣17%或13%的进项税，而对于发生在上述日期之前的采购将无法抵扣相关进项税。

◎ 具体行业影响

由于所有企业都离不开对生活服务的消费，如员工福利性餐饮服务或娱乐性餐饮服务，为开展活动、召开会议或商务差旅而消费的住宿服务，因此生活服务业的增值税规定受到大部分企业的关注。为此，下面列出生活服务业中不同行业适用的关键规定。

第一，餐饮服务。

在解读餐饮行业特别规定之前，需要注意的一点是6%的增值税税率仅适用于“增值税一般纳税人”。增值税一般纳税人要求年应税销售额达到或超过500万元人民币，年销售额低于500万元人民币的企业通常登记为小规模纳税人。但是如果这类企业获得税务机关的批准，并且会计核算健全，也可以选择登记为一般纳税人。

可想而知，大部分的餐饮企业都是小规模纳税人，因此适用3%的增值税征收率，但是进项税额不能抵扣，同时也无法开具或抵扣增值税专用发票。

对于登记为一般纳税人的餐饮企业，实务中常碰到的关键问题是如何区分销售食品和餐饮服务。销售食品通常适用17%的增值税税率（某些食品销售适用13%的低税率），而餐饮服务则适用6%的增值税税率。

新增值税法规把“餐饮服务”定义为以同时提供饮食和饮食场所的方式为消费者提供饮食消费服务的业务活动，这表明6%的增值税税率仅适用于那些能够为顾客提供座位或者提供堂食服务的企业。如果餐饮服务供应方仅提供外带或者外卖服务，那么提供的服务就不属于“餐饮服务”的范畴，销售的食品就应适用17%（或13%）的增值税税率。

如果某个餐饮企业既提供堂食服务，又提供外卖服务，就产生了如何确定适用税率的问题。针对这种情形，现行营业税制的规定有一定的指导意义，虽然增值税新规对此没有明确规定。与其要反复判断每项交易是否适用6%的税率，实操中更可能会根据服务提供方的主业来确定适用税率，即如果餐饮营业收入主要来源于堂食，那么其提供的外带或外卖服务也适用6%的税率。相反，如果餐饮营业收入主要来源于外带或外卖服务，那么其堂食服务也适用17%（或13%）的税率。因此，餐饮企业需要考虑是否将业务中的堂食部分单独剥离出来，以确保能适用“餐饮服务”6%的税率。

餐饮服务与食品销售增值税税率的差异，可以给企业进行税务筹划机会，但也可能造成税务争议。例如，一家餐馆销售外带葡萄酒，如果其主要收入来源于餐饮服务，那么销售葡萄酒也可适用6%的税率，而正常酒类销售则需适用17%的增值税税率。

目前，许多大型快餐企业有时会在某些外带订单上选择采用3%的征收率。这种做法符合国家税务总局公告2011年第62号以及国家税务总局公告2013年第17号的规定，对于销售非现场消费的食品的情况，餐馆、旅馆可以自行选择是否采用3%的征收率，但这种做法在2016年5月1日之后是否仍然有效尚待确认。

另外一个实操的问题是，某些餐饮供应者可能对于那些需要送餐的订单收取运输费，那么运输费用适用何种增值税税率？交通运输业的增值税税率是11%，但是根据增值税相关法规，如果运费属于产品或服务价格的一部分，那么就没有必要把运费单独拆分出来。因此，运输费用可能适用餐饮服务的6%税率，也可能适用一般产品销售的17%税率。

从企业消费餐饮服务的角度出发，包括为员工提供的餐饮，交际应酬以及出差发生的餐饮支出，相应的进项税根据规定是不允许抵扣的，因此上述餐饮服务的增值税就会构成实际的成本。从增值税合规的角度考虑，餐饮企业也可免于开具增值税专用发票。如果没有上述规定，问题将变成餐饮服务是否构成职工福利。然而，考虑到餐饮服务无法抵扣进项税这一事实，上述问题其实无关紧要。

所有餐饮企业将面临的重要挑战是，如何就其成本获取增值税专用发票，即当餐饮供应者购买食品或饮料用于提供餐饮服务时，除非获得增值税专用发票，否则没有进项税可以抵扣。

餐饮服务6%的增值税税率也适用于某些酒席承办服务，即提供室内酒席承办服务的企业适用6%的增值税税率，但是购买该服务的企业无法抵扣进项税。

另外一个有趣的问题是餐饮服务6%税率的适用范围到底有多广。例如，6%税率可能适用于酒店提供的客房设施服务，但不太可能适用于国内航空飞行时提供的餐饮服务（航空运输适用11%的增值税税率）。著名的英国航空对英国税务局的案例中，上诉法院认为，国际航空上提供的餐饮服务并不是脱离于航空服务本身的单独服务。然而，由于现在消费者对餐饮是单独付费的，那么餐饮服务是否应当被视为单独的服务现在还并不明确。

第二，酒店、旅馆以及其他住宿服务供应商。

新增值税法规明确规定，住宿服务从2016年5月1日起适用6%的增值税税率，定义为“提供住宿场所及配套服务等的活动，包括宾馆、旅馆、旅社、度假村及其他经营性住宿场所提供的住宿服务”。

上述定义不清晰的地方在于，如何区分酒店、经营性住宿场所与居民住房租赁。酒店、酒店式公寓适用6%的增值税税率。房屋租赁一般适用11%的增值税税率，过渡时期适用5%的征收率，个人出租住房则适用1.5%的征收率。许多大型酒店已经将服务范围扩大到既可以为顾客提供短期居住服务，也可以为顾客提供长期居住服务。许多增值税国家通常根据住宿时间长短对酒店住宿服务和住房租赁进行区分。例如，如果给住客提供的住宿时间达到或超过28天，那么该项服务就会被认定为房屋租赁，而如果低于28天则会被认定为住宿服务。但我国增值税法规在这方面并没有明确规定。

另外，国际上经常发生争议的地方是，不同类型的住宿如学生宿舍，分时度假村及类似场所是应界定为住房租赁还是住宿服务仍然有待研究。在没有明确规定的情况下，需要采纳特定的标准来加以区分。例如，消费者的身份是“顾客”还是“居民”；住宿提供者的营业执照；服务提供的范围（住宿服务通常范围比较广）；合同的性质，例如，签署了正式租赁合同的服务更可能会被认定为住房租赁服务。

对于明确提供住宿服务的酒店来说，面临的重要问题是如何分别处理提供的多样化服务。特别是许多酒店通常同时提供以下几种或全部服务：住宿服务；餐饮外带服务；会议及活动举办服务；水疗、健身及其他相关服务；娱乐服务；旅游服务台。

在大多数情况下，新增值税法规不会造成过多的合规问题，但是对各种收入的深入分析仍然是必要的。酒店提供的上述服务几乎都可适用6%的增值税税率，但并不意味着酒店提供的所有服务都能适用6%的增值税税率。例如，水疗产品的销售适用17%的税率，设立于酒店内部的商店销售商品适用17%的税率，将场地出租给第三方服务提供方或者特许经营者适用11%的增值税税率（过渡时期也可能适用5%的征收率）。

而税务合规问题更大程度上存在于定价和发票方面，因为增值税规定餐饮和娱乐服务的增值税进项税无法抵扣（因此也无法开具增值税专用发票）。这个规定不仅适用于在酒店中接受外带餐饮服务的顾客，也适用于对酒店房间内迷你吧的消费。

更重要的是，新增值税法规似乎指出，因公出差住酒店的顾客可以取得进项税。然而，如果是出于个人目的而发生的酒店消费就不能抵扣进项税。还有一个比较棘手的合规问题是，登记为增值税一般纳税人的企业是否能在下述一种或多种情况下抵扣进项税：顾客以自己的名义而非公司的名义预订酒店；顾客首先自行结账并索取发票，随后再由公司报销。

接受酒店（或其他住宿提供者）服务的消费者能够抵扣增值税进项税额，这对于提供旅游服务的酒店，特别是大型酒店而言是个潜在的利好。5%的营业税构成部分成本，而6%的增值税却是可以抵扣的，这将促使许多大城市酒店将定价基础调整为“正常费用外加增值税和服务费”，而不是增值税含税价。

对于企业来说，营业税法规规定，个人在酒店退房时可以向酒店申请开具营业税发票，发票注明其单位名称等信息。但在新增值税的规定下，个人是否能够同样开具增值税专用发票，以供企业抵扣进项税，尚有待观察。此外，如果接受的住宿服务被视同职工福利，那么企业将无法抵扣相应的进项税。

还有一个常见的问题是，酒店给出差住宿的顾客在提供住宿服务的同时也提供早餐，那么顾客是否能够就支付的全部费用抵扣进项税，还是需要将早餐的费用剔除？类似地，举办会议或活动时通常也提供餐饮服务，这就可能需要将总价款拆分为会议或活动费用以及餐饮费用。毫无疑问，酒店倾向于按照会议费全额计税，以使可抵扣进项税最大化，但是对于如何划分价格并没有明确的标准。如果餐饮是以低于成本的价格提供的，那么酒店就有少缴增值税的风险。

值得注意的一点是，法规中提到了混合销售和兼营的概念。混合销售即一项销售行为如果既涉及服务又涉及货物，则应按照公司主营业务确定相关使用税率。兼营为试点纳税人销售货物、加工修理修配劳务、服务、无形资产或者不动产适用不同税率或者征收率的，应当分别核算适用不同税率或者征收率的销售额，未分别核算销售额的，从高适用税率或者征收率。

为体现知名酒店品牌，许多酒店的经营模式都是所有权和管理权相分离。新增值税规定，由酒店管理公司向酒店所有者提供的管理服务适用于6%的增值税税率。酒店管理公司通常享有酒店经营收入的部分份额，酒店经营收入包含授权使用商标的特许权使用费和提供客房预订服务所收取的费用。酒店业主通常可以抵扣支付给酒店管理公司的费用所对应的进项税。

最后，许多酒店都会为客人提供奖励优惠政策，以此吸引客人继续入住该酒店。在其他已适用增值税的行业，如航空业和电信业，企业在奖励计划下向客户提供的优惠无须缴纳增值税。然而，新增值税制度对于酒店奖励计划并没有类似的免税规定。

酒店在合规方面未来还将面临一系列挑战，特别是对于酒店常客享有的一些特权，如免费早餐、免费使用互联网、免费使用俱乐部休息室、免费升级房间，甚至是免费入住等，是否应该视同销售缴纳增值税？如果视同销售，这些服务应该如何确定其价格？酒店需要仔细考虑这些奖励计划以及类似计划的增值税处理。

第三，旅游业。

旅游业将面临许多较为复杂的增值税管理问题，这主要是因为旅游业在运营中既可以作为旅游服务的委托人，也可以作为中介，同时还要考虑各种跨界业务。

为了简化征收方式，新增值税法规规定对“旅游服务”按差额征收，旅游业在计算增值税时可以扣除所有与住宿、餐饮、交通、签证以及门票销售相关的费用。实际上，法规似乎对于作为委托人的旅行社与作为中介的旅行社给予了相似的规定，即都是在净收入或者佣金的基础上征收6%税率的增值税。

财税〔2016〕36号文同时明确，向旅游服务购买方收取并支付给其他单位或者个人的上述费用，不得开具增值税专用发票，可以开具普通发票。

当旅游业某些业务存在重叠时，情况就会变得比较复杂。可以参考以下几点：

当消费者购买的旅行套餐全部在中国境外消费时，如出境旅游，销售旅游套餐的收入不征收增值税。但在境内销售这项旅游套餐产生的佣金或收入将按照6%的税率征收增值税，因为旅行社的服务不是完全在境外发生的。

在酒店或者其他供应商向以消费者名义预订酒店等服务的旅行社支付佣金或费用时，该佣金或费用将按照6%的税率缴纳增值税。更重要的是，如果这项佣金或费用可以从住宿费用中扣除，那么从增值税的角度来看就需要将这两个事项分开处理，即酒店不可以净额为基础，而必须以总收入来计算增值税，同时自旅行社取得可用于抵扣的增值税专用发票。

根据增值税的一般规定，国外的旅行社向中国的顾客、酒店或其他服务提供商收取费用或佣金的需要代扣代缴6%税率的增值税。对于酒店或其他服务提供商支付的上述费用通常可以抵扣进项税。

第四，医疗服务。

医疗服务新的增值税规定如下：

由经认可的医疗机构提供的医疗服务，包括诊所、医院、临床检验中心，都可免征增值税，但享受免税的医疗服务仅限于按照不高于当地政府制定的标准医疗服务指导价格为就医者提供的各项服务。显然，这些规定是为了使公立医院和其他类似机构提供的基本医疗服务享受免征增值税的优惠。而私人医疗机构的市场占比不断增长，超过规定免税资格的费用都不能享受免征增值税的优惠。并且，新增值税法规中未明确免税处理是仅适用于小于指导价的收费，还是不大于该金额的收费。

经某些政府机关批准向老年人提供住宿和保健服务的养老机构将获得增值税免税资格。

现行营业税税制下，医疗服务广泛享受免税，且免税优惠同时适用于公立机构和私立机构。然而，广泛的免税政策将会被取消，以后的免税政策的适用范围需通过两个标准来判定，分别是：医疗机构是否是政府批准设立的，以及医疗机构所收取的费用是否在某些规定的限额内。虽然法规中还没有细节的描述，但相关标准的确可能导致很多私人医疗机构都需要缴纳增值税，并需要判断收费是否可以免税。

大多数医院和诊所对于在诊断和治疗中使用的药物也享受免增值税待遇。而新的增值税法规并未明确规定这项免税政策是否可以继续适用，但是我们也注意到，财税〔2000〕42号文（对以上免税优惠作出规定的文件）并未被废止。

对于所有医疗机构的挑战是能否获得大量固定资产和高技术装备的增

值税抵免资格。医疗器械和其他设备的适用税率是17%，然而，医疗机构在购置设备时是否能抵扣进项税取决于应税服务和免税服务的比例。由于医疗机构的增值税免税结构取决于每一笔收费的性质，并且有价格上限要求，因此许多医疗机构可能会通过兼营应税和免税服务对进项进行抵扣。此外，增值税一般规定允许全额抵扣采购固定资产产生的进项税，即使这些固定资产只是部分用于应税目的。这一机制可能会为许多医疗机构带来好处。

总之，新增值税法规可能会对医疗行业带来重大的影响。

第五，教育服务。

除非申请增值税免税，教育服务一般按照6%的增值税税率征税，但不适用于以下情况：

托儿所、幼儿园以及0~6岁学前教育机构提供的服务是免征增值税的，但仅限于法规规定的基础教育，同时收费不超过政府批准的教育费、保育费上限，即高投资教育机构取得的收入（通常是私立学校），增值服务收入如兴趣班，赞助费等，都是应税的。

学历教育服务包括初等教育、初级中等教育、高级中等教育以及高等教育服务免征增值税，然而免税范围仅限于不超过规定标准的学费、住宿费、课本费、作业本费、考试报名费以及学校食堂提供餐饮服务取得的伙食费收入（经过政府批准）。除此之外，任何超过标准的费用都是应税的。

和医疗机构类似，新增值税法规对于规定标准的要求很可能会导致许多私立学校需要缴纳增值税。

第六，文化和娱乐业。

娱乐业一般应该按6%的税率征收增值税。在大多数情况下，这是个利好消息，因为娱乐业营业税税率是5%~20%。

新增值税法规规定，购买娱乐服务不得申报抵扣进项税，因此娱乐机构不需要开具增值税专用发票。然而，作为一般纳税人，娱乐机构可就其支出抵扣进项税。当然，许多娱乐企业很可能会选择登记为小规模纳税人（年应税销售额少于500万元人民币）并适用3%的征收率。

新增值税规定对某些（有限的）文化服务给予增值税免税政策，包括：博物馆、图书馆、展览馆的门票收入，所有宗教活动场馆的门票收入。

这些免税范围是特定的，即仅门票收入享受免税，不包括附加服务，如使用音频设备的收费或导游费等。

同时，新规定给予了一般纳税人发生文化体育服务时可选择适用简易计税方法按3%的征收率计税的优惠。

第二节　生活服务业如何应对全面营改增

全面营改增开始实施后，想达到减轻税负的目标，生活服务业企业应该怎样迎接全面营改增的到来呢？要做到以下几点：注意对纳税人身份的选择；注意合理选择供应商；注重增值税发票的管理；规范会计核算，关注优惠政策。

◎ 注意对纳税人身份的选择

对纳税人身份的选择使企业存在一定的纳税筹划空间。根据规定，生活服务业企业，年销售额在500万元以上（含500万元）的应认定为增值税一般纳税人，而年销售额在500万元以下的，如果会计核算健全，也可以登记为增值税一般纳税人。这是对生活服务业企业一般纳税人与小规模纳税人认定的条件。

目前生活服务业适用的税率为6%，征收率为3%。对小规模纳税人来说，3%的征收率相对于原营业税5%的税率来说，税负是有明显下降的，但小规模纳税人无法抵扣增值税进项税额，也不得自行开具增值税专用发票，即使到税务机关代开，也只能按照3%的征收率开具，影响企业的发展与扩张。而对于增值税一般纳税人而言，取得的增值税专用发票进项税额可以抵扣，但销售适用的税率为6%，如果可抵扣的进项税额比较少的话，税负会相对较重。大家应根据企业的实际情况进行筹划，选择适当的纳税人身份。

◎ 注意合理选择供应商

增值税一般纳税人可以抵扣符合条件的进项税额，营改增后生活服务业企业亟待解决的问题是采购环节增值税的抵扣问题。采购环节如果能够取得更多的抵扣凭证，就会对企业更有利，这就涉及一个供应商选择的问题。一般来说，企业最好能够与增值税一般纳税人建立购销关系，这样企业购入的材料或服务就能够抵扣进项税额，从而达到减税的目的。

◎ 注重增值税发票的管理

营改增之前，生活服务业企业直接按照营业额纳税，可能不注重发票的管理，但是在营改增后，采购中企业应重新制定相应的采购合同模板，重新约定合同条款内容，尽可能地取得增值税专用发票、农产品收购发票或销售发票等抵扣凭证，降低企业的整体税负。另外，财务部门在取得增值税专用发票后，还应在税法规定期限内根据企业的实际需要进行认证抵扣。

生活服务业企业还要注意规范会计核算，关注优惠政策并适当运用这些政策。以前的营业税会计核算、税收优惠政策和营改增后的会计核算、优惠政策有很多差别，企业也应当注意。

◎ 规范会计核算，关注优惠政策

营改增之前，缴纳的营业税只涉及“应交税费——应交营业税”这一会计科目。而营改增后，对于小规模纳税人相对简单，涉及“应交税费——应交增值税”会计科目；而对于增值税一般纳税人来说，会计核算会复杂许多，仅“应交税费——应交增值税”就涉及“进项税额”“销项税额”“进项税额转出”“转出多交增值税”“转出未交增值税”“营改增抵减的销项税额”“减免税款”等专栏，同时在月末时，还会涉及“应交税费——未交增值税”会计科目，核算起来相对复杂。现将一般纳税人常见的会计分录列举如下：

第一，采购业务。

借：原材料等

　　应交税费——应交增值税（进项税额）

　　贷：应付账款或银行存款等

注：如采购时未取得增值税抵扣凭证，则采购时相应的税费直接计入采购材料的成本中。

第二，销售业务。

借：应收账款或银行存款等

　　贷：主营业务收入

　　　　应交税费——应交增值税（销项税额）

第三，进项税额转出业务（如外购的材料用于集体福利或个人消费等）。

借：应付职工薪酬等

　　贷：原材料

　　　　应交税费——应交增值税（进项税额转出）

第四，月末处理。

一是支付当月增值税。

借：应交税费——应交增值税（已交税费）

　　贷：银行存款

二是转出多交增值税。

在“应交税费”科目下设置“未交增值税”明细科目，月末结转当月未交增值税。

借：应交税费——应交增值税（转出未交增值税）

贷：应交税费——未交增值税

三是月末结转当月多交增值税。

借：应交税费——未交增值税

贷：应交税费——应交增值税（转出多交增值税）

四是本月缴纳上期未交的增值税。

借：应交税费——未交增值税

贷：银行存款

企业除了应规范会计核算，还应做好培训，关注所在行业的税收优惠政策以及特殊规定。如对于餐饮业，个人在销售农产品时，税务机关代开的普通发票也可以作为进项税额抵扣凭证。所以企业在购入农产品时，应注意相关的税收政策，以达到为企业减负的目的。

第三节　生活服务业营改增应关注的几个问题

生活服务业是与老百姓日常生活联系最紧密的行业。面对已经到来的营改增，应关注以下几个问题：进项抵扣不足问题；进项抵扣凭证问题；纳税人身份和计税方式问题；注意区分可抵扣项目。

◎ 进项抵扣不足问题

生活服务业主要包括餐饮业、住宿业、医疗教育、家政服务业、洗染业、美容美发业、沐浴业、人像摄影等，普遍具有经营者分散、直接面对最终消费者、以人工为主要成本等主要特点。营改增前，这些行业的营业税税率一般为5%。理论上，营改增实现了增值税税制下的“环环征收、层层抵扣”，可以通过抵扣进项税额消除重复征税，降低纳税人的税负。但是，由于人工费用占比高且无法抵扣等原因，生活服务业税收负担可能会不降反升。如美容美发等部分行业人工支出占比高达80%以上，按现行政策，人工费用一般不能抵扣，因此将导致企业税负偏高。

下一步可以将人工支出等逐步纳入进项抵扣范围，如先将社保等便于管理的支出纳入进项抵扣范围。生活服务业纳税人应学习相关税收政策，准确核算增值税进销项，充分抵扣进项税额。

◎ 进项抵扣凭证问题

营改增后，企业在购进商品或劳务时，应尽量选择索取增值税专用发票，以充分抵扣进项税额。这就要求企业加强学习，提高财务核算水平。营改增之前，采购人员已习惯于取得发票就行，而不关注是普通发票还是增值税专用发票。营改增后，企业财务部门人员应加强相关税收政策的学习，同时注重对采购人员的培训和提醒。提醒采购人员尽量取得增值税专用发票，而且要将发票及时交给财务部门认证抵扣，避免逾期认证无法抵扣的情况发生。从小规模纳税人处购进商品或劳务时，取得普通发票一般是不能抵扣的，应要求对方到税务机关申请代开增值税专用发票。另外，需要说明的是，增值税进项抵扣凭证不仅包括增值税专用发票，还包括海关完税凭证、机动车销售统一发票等。餐饮等企业购买粮食、蔬菜等农副产品时，可以凭销售方开具的农产品销售发票抵扣进项税额。个人销售农产品时，税务机关代开的普通发票也可以作为进项税额抵扣凭证。

应进一步扩大农产品进项核定扣除范围，完善增值税进项税额核定扣除办法，让生活服务业等营改增纳税人在购进农产品时核定抵扣更规范。生活服务业纳税人应重视抵扣凭证的管理，尽量取得增值税专用发票、农产品销售发票等抵扣凭证，并及时认证抵扣。

◎ 纳税人身份和计税方式问题

根据目前的营改增政策，应税服务小规模纳税人的年销售额标准为 500 万元，年销售额超过 500 万元的纳税人应认定为增值税一般纳税人。小规模纳税人会计核算健全，能够提供准确税务资料的，可以申请认定为一般纳税人。500 万元的计算标准为纳税人在连续不超过 12 个月的经营期限内提供服务累计取得的销售额，包括减、免税销售额。一般纳税人按适用税率，实行抵扣计税；小规模纳税人适用3%的征收率，按简易办法征收。选择哪一种身份，要根据所属行业、能否足额取得进项抵扣、财务核算等情况而定。

个体工商户等规模较小的或特定生活服务业纳税人，可以自行选择按简易办法纳税，适用3%的征收率。现行的政策中对计税方法有一些特殊规定，如一般纳税人提供的公共交通运输服务，即使销售额超过500万元，也可以选择按照简易计税方法计算缴纳增值税。

◎ 注意区分可抵扣项目

房地产业、建筑业、金融业、生活服务业自2016年5月1日起实行营业税改征增值税。相较前三个行业，生活服务业相对简单，但数量众多，且与人民群众的生活息息相关，企业在生产经营中，也需要购买生活服务。需要注意的是，营改增后，生活服务业中，有的服务可以抵扣，有的服务不能抵扣。即使是可以抵扣的服务，也不是有票就能够抵扣的。

财税〔2016〕36号文附件1《营业税改征增值税试点实施办法》第二十七条规定："下列项目的进项税额不得从销项税额中抵扣……（六）购进的旅客运输服务、贷款服务、餐饮服务、居民日常服务和娱乐服务。"其他未列明的生活服务可以抵扣，因此，很多企业就认为，只要有专用发票就可以抵扣。这是不对的，必须要区分具体情况。

住宿服务是生活服务业的一部分，可以抵扣，如员工出差、会议等发生的住宿支出可以抵扣。但是有的企业为总部派来的高管长期租住在酒店，是否可以抵扣？《营业税改征增值税试点实施办法》第二十七条规定："下列项目的进项税额不得从销项税额中抵扣……（一）用于简易计税方法计税项目、免征增值税项目、集体福利或者个人消费的购进货物、加工修理修配劳务、服务、无形资产和不动产。其中涉及的固定资产、无形资产、不动产，仅指专用于上述项目的固定资产、无形资产（不包括其他权益性无形资产）、不动产。”为高管租住酒店属于个人消费，不能抵扣。

旅游服务也是生活服务业的一部分，可以抵扣。那么，很多企业会定期组织职工出外旅游，是否可以抵扣呢？笔者认为，职工旅游属于集体福利，按照《营业税改征增值税试点实施办法》第二十七条的规定不能抵扣。

还有一些服务能抵扣的项目与不能抵扣的项目混在一起。例如，企业组织员工外出培训期间旅游，由培训机构找旅行社，最后向企业一并收取培训费并开具发票。培训属于教育服务，可以抵扣，但其中的旅行应属于集体福利，不能抵扣，企业应当拆分。

综上所述，生活服务业中未列明不能抵扣的项目也不是都能抵扣的，很多项目都可能属于集体福利或者个人消费，企业应当注意区分，避免发生税务风险。

【案例分析】

A 酒店作为“一般纳税人”申报表的填写

A 酒店为增值税“一般纳税人”，2016 年 5 月发生如下业务：

其一，取得提供住宿服务收入 21.2 万元（含税），其中开具增值税专用发票注明价款合计 15 万元（不含税），票面税额合计 0.9 万元；开具增值税普通发票取得收入 5.3 万元（含税）。

其二，当月纳税人购进饮料食品支付价款 3.51 万元，其中取得专用发票 3 份，注明价款合计 2 万元，税额合计 0.34 万元，并已经全部认证通过；取得增值税普通发票价税合计 1.17 万元。

第一，案例分析。

针对生活服务业，年应税销售额未超过规定标准的纳税人，若会计核算健全，能够提供准确的税务资料，则可以向主管税务机关办理一般纳税人资格登记，成为一般纳税人，一般纳税人发生应税行为适用一般计税方法计税，适用的税率为6%。同时，纳税人取得的餐饮服务、娱乐服务、居民日常生活服务进项税额不得抵扣。

下面就上述案例结合对生活服务业的税额计算的相关规定进行详细介绍。

本期不含税销售额为含税销售额÷(1+税率)=21.2÷(1+6%)=20（万元）；

本期销项税额为销售额×税率=20×6%=1.2（万元）；

本期进项税额为0.34万元；

因此，本期应纳税额为本期销项税额-本期进项税额=1.2-0.34=0.86（万元）。

第二，申报填写。

A酒店2016年6月申报所属5月增值税时，应按照以下样式填写申报表格和资料：

一是2016年5月销项税额的填写。

取得收入根据开具发票类型不同对应填入《增值税纳税申报表（一般纳税人适用)》附列资料（一）相应栏次。

（1）开具增值税专用发票取得收入15万元应填入第五栏“全部征税项目：6%税率”的第一列“开具增值税专用发票：销售额”，专用发票注明税额合计0.9万元应填入第二列“开具增值税专用发票：销项（应纳）税额”。

（2）开具增值税普通发票取得不含税销售额5（5.3÷1.06）万元应填入第五栏“全部征税项目：6%税率”的第三列“开具其他发票：销售额”，普通发票税额0.3万元应填入第四列“开具其他发票：销项（应纳）税额”。

（3）第九列“合计：销售额”=20万元，第10列“合计：销项（应纳）税额”=1.2万元，第十一列“合计：价税合计”=21.2万元。

（4）第十二列“服务、不动产和无形资产扣除项目本期实际扣除金额”=0，第十三列“扣除后：免税（含税）销售额”=21.2万元，第十四列“扣除后：销项（应纳）税额”=1.2万元。

二是2016年5月进项税额的填写。

A酒店外购货物取得的增值税普通发票不能进行进项税额抵扣，其本期应抵扣进项税额为其认证通过的增值税专用发票上记载的税额0.34万元，应填列《增值税纳税申报表附列资料（二）》(本期进项税额明细）第一栏“认证相符的增值税专用发票”以及第二栏“其中：本期认证相符且本期申报抵扣”。

三是《本期抵扣进项税额结构明细表》的填写。

第一栏“合计”以及第二栏“17%税率的进项”对应“金额”=2万元；

第一栏“合计”以及第二栏“17%税率的进项”对应“税额”=0.34万元。

四是2016年5月《增值税纳税申报表（一般纳税人适用)》主表的处理。

该酒店当期申报数据应全部填列在“一般项目”列下“本月数”的对应栏次，具体填列栏次及填列数如下：

第一栏“（一）按适用税率计税销售额”=20万元；

第十一栏“销项税额”=1.2万元；

第十二栏“进项税额”=0.34万元；

第十七栏“应抵扣税额合计”=0.34万元；

第十八栏“实际抵扣税额”=0.34万元；

第十九栏“应纳税额”=0.86万元；